Orkide & Orhan Tançgil

Mantı, Gyoza, Dumplings & Co.

50 köstliche Rezepte für perfekte Teigtaschen

Klassisch. Orientalisch.
Modern. Vegetarisch.

CHRISTIAN

INHALT

VORWORT

Als wir jünger waren, hatten die winzig kleinen »Kayseri mantısı« (siehe Rezept Seite 58) einen besonderen Stellenwert in unserem Haus. Dieses Gericht war ziemlich aufwendig, da der Überlieferung nach 40 (richtig gelesen, aber das haben wir nie geschafft!) gefüllte Teigtaschen auf einen Löffel passen sollten.
»Kayseri mantısı« haben wir daher nur selten und zu besonderen Anlässen zubereitet. Gelegentlich knetete meine Mutter Nurzan einen Nudelteig, rollte ihn mit einem zierlichen oklava (ein türkisches Nudelholz) dünn aus und versammelte die ganze Familie am großen Küchentisch. Einer von uns schnitt kleine Quadrate, die anderen füllten und verschlossen sie. Dabei unterhielten wir uns angeregt, alberten herum und hatten viel Spaß. Nach stundenlanger Arbeit setzten wir uns hin und aßen alles in zehn Minuten auf. Meist taten uns danach die Bäuche weh, aber wir strahlten vor Glück. Im Grunde genommen sind es genau solche Momente, die schöne Erinnerungen in unserem Geschmacksgedächtnis hinterlassen haben, die uns Wertschätzung und Dankbarkeit lehrten.

Einige Wissenschaftler sind der Auffassung, dass Geschmacksvorlieben den Menschen angeboren, also in ihren Genen verankert sind. Essgewohnheiten, Alter, Lebensstil und das soziale Umfeld sind natürlich auch wichtige Faktoren. Vor einigen Jahren, als ich das erste Mal »Sinop mantısı« (siehe Rezept Seite 66) aß, habe ich verstanden, was mit den Genen gemeint ist: Mich durchströmte ein Gefühl der Geborgenheit, der Erinnerung oder des »Nach-Hause-Kommens« – obwohl ich dieses Gericht zuvor noch nie gegessen hatte. Die Familie meiner Mutter kommt jedoch ursprünglich von der Schwarzmeerküste ...

Ähnlich erging es Orhan, als wir das erste Mal »Scharfe Teigtaschen nach Szechuan-Art« (siehe Rezept Seite 50) zubereitet und gegessen haben. Das Gericht kam ihm extrem bekannt vor und schmeckte uns vorzüglich. Aber vielleicht mögen wir, wie viele andere Menschen dieser Welt, auch nur das richtige Verhältnis von Fett, Salz und Kohlenhydraten. Diese Vorliebe ist natürlich auch genetisch vorprogrammiert.

Das »Kars usulü soğanlı hangel« (siehe Rezept Seite 126) schmeckte uns trotz seiner Einfachheit (nur drei Zutaten!) wahnsinnig gut. Durch das langsame Schmoren der Zwiebeln in Butter bekommen sie eine so fantastische Umami-Note. Zu Orhans Favoriten gehören die »Kandilli mantısı« (siehe Rezept Seite 76), »Xiao Long Bao« (siehe Rezept Seite 90) und »Lorlu pörüşke« (siehe Rezept Seite 52). Ich rate euch unbedingt, die »Vişneli mantı« (siehe Rezept Seite 138), »Çi börek« (siehe Rezept Seite 56) und »Kimchi-Wangmandu« (siehe Rezept Seite 48) zu probieren.

Jedes Rezept in unserem Buch ist mehr als nur eine Anleitung zur Zubereitung von Speisen – es ist eine Einladung, die Geschichten, Kulturen und Traditionen zu erkunden, die in jeder Mahlzeit auf köstliche Art lebendig werden. Und genau das macht sie so faszinierend!

Orkide Tançgil

Einleitung

DIE GESCHICHTE DER MANTI

Nach Jahren der Recherche zur türkischen Küche und ihren Wurzeln habe ich erkannt, welche lange Reise diese wundervollen Teigtaschen hinter sich haben. Der osmanische Sultan Mehmed II., auch bekannt als Fâtih Sultan Mehmed (der Eroberer), der im 15. Jahrhundert Konstantinopel erobert hat, bekam an mindestens fünf von sieben Wochentagen Mantı aufgetischt. Was nicht verwunderlich ist, denn Mantı sind kleine, köstlich gefüllte Teigtaschen, die oft mit einer Joghurtsauce und Chilibutter serviert werden.

Nicht nur in der Türkei, in allen Küchen Eurasiens finden sich Teigtaschen. Sie zählen mitunter zu den heiß geliebten Nationalgerichten der Länder und werden in mannigfaltigen Varianten zubereitet.

Heute wissen wir, dass diese gefüllten Köstlichkeiten aus Nudelteig ihren Ursprung in Zentralasien haben. Ihre Geschichte ist stark geprägt und eng verknüpft mit der Historie der als Steppennomaden lebenden Turkvölker, die über Jahrhunderte entlang der Seidenstraße lebten und reisten. Ab dem 7. Jahrhundert waren die Gebiete vom Schwarzen Meer bis China und vom Altai bis zum Hindukusch bevölkert mit Ethnien, die zu den Turkvölkern gezählt werden. Heute haben sie sich über Zentral- und Westasien, Sibirien, den Kaukasus und Osteuropa ausgebreitet.

Die Seidenstraße diente damals also nicht nur als Lebensader des Handels zwischen Ost und West, sondern war auch lebendiger Ausdruck kultureller sowie gastronomischer Interaktion und Transformation.

Somit reisten viele dieser großartigen Mantı-Rezepte über die Grenzen hinaus. In jedem neuen Land, das sie erreichten, wurden sie adaptiert und reflektierten die lokalen Geschmäcker und Zutaten, während sie gleichzeitig die Erinnerung an ihre Wurzeln bewahrten.

Die bemerkenswerte Ähnlichkeit der Wörter für Teigtaschen (türkisch Mantı, koreanisch Mandu, chinesisch Mantou, mongolisch Mantuun Buuz, kasachisch Mäntı, russisch Manty, Afghanisch Mantu), die Formen, Falttechniken und Füllungen deuten auf einen gemeinsamen Ursprung in Zentralasien hin. Eine Füllung wird irgendwie kunstvoll in etwas Teig gehüllt, anschließend gedünstet, gekocht, gebraten oder frittiert. Serviert werden sie mit einer, mehreren oder ohne Saucen. So einfach, aber gleichzeitig so variantenreich. Diese kleinen kulinarischen Kunstwerke dienen nicht nur der Nahrungsaufnahme, sie sind ein Spiegelbild der verschiedenen Kulturen und ihrer Art zu leben. Manchmal stehen sie symbolisch für Feste und besondere Anlässe. Oder sie beschreiben, wie die Völker, die sie zubereitet haben, lebten; ob sie Nomaden oder sesshaft waren.

So sind unsere Mantı nicht nur ein Gericht, sondern eine kostbare Geschichte von Wanderung und kulturellem Austausch, von der Begegnung unterschiedlicher Zivilisationen und der schöpferischen Synthese ihrer Küchen. Von den herkömmlichen Küchen entlang der Seidenstraße über die reichen, opulenten Paläste der Sultane und umgekehrt.

UNSERE TIPPS UND HINWEISE

Bevor ihr mit dem Kochen beginnt, hier einige Tipps, die helfen können, das Procedere einfacher und genussvoller zu gestalten. Die köstlich gefüllten Teigtäschchen erfordern nicht nur genügend Zeit in der Herstellung, sondern auch viel Platz. Bevor ihr loslegt, schafft euch also Platz zum Arbeiten.

TEIG

Je nach Mehlsorte wird der Teig mehr oder weniger Flüssigkeit aufnehmen. Daher immer erst drei Viertel der Flüssigkeit, dann den Rest nach und nach zügig hinzufügen.

Eier werden, falls nicht anders angegeben, immer in Größe M verwendet. Größere Eier bedeuten, dass weniger Flüssigkeit im Teig erforderlich ist. Ist der Teig zu trocken, kann etwas Flüssigkeit, ist er zu feucht, noch etwas Mehl hinzugefügt werden. Das könnt ihr individuell anpassen.

Den Teig könnt ihr per Hand oder aber mit der Küchenmaschine zubereiten. Falls ihr mit der Küchenmaschine arbeitet, den Teig gerne auch noch mal mit der Hand auf einer Arbeitsfläche verkneten, damit er wirklich richtig schön glatt und geschmeidig wird. Den Teig anschließend in Frischhaltefolie einschlagen und mindestens 30–60 Minuten (noch besser sind 3–4 Stunden) an einem kühlen Ort ruhen lassen.

Ein frischer Teig mit Eiern sollte innerhalb von 24 Stunden verarbeitet werden.

Wer möchte, kann farbige Teige herstellen. Dafür einen Teil des Wassers durch Rote-Bete-Püree, Spinatpüree, Sepiatinte, Karottensaft, Rotkohl (siehe Rezept »Kristall-Teigblüten« Seite 112) oder Safranwasser ersetzen.

Zum Ausrollen könnt ihr entweder die klassische Teigrolle (in der Türkei wird ein dünner Holzstab namens oklava benutzt) oder eine Nudelmaschine verwenden.

Den Teig dünn ausrollen, also etwa 1–2 mm dick. Meine Oma sagte immer, er muss so dick sein wie ein Messerrücken. Darunter kann sich jeder etwas vorstellen.

Nicht verarbeiteter Teig sollte immer mit einem leicht feuchten Küchentuch (oder Frischhaltefolie) abgedeckt werden, damit er nicht austrocknet. Selbiges gilt für die fertigen Teigtaschen, während der Rest des Teigs gefüllt wird. Dieser Prozess kann, je nachdem, wie viele Personen involviert sind, auch mal etwas länger dauern. Und da kommt auch schon der nächste Tipp: Holt euch so viel Hilfe wie möglich. Das Zubereiten von Teigtaschen ist eine Aktivität, an der die ganze Familie (also auch Kinder) beteiligt sein kann.

FÜLLEN UND FORMEN

Ihr braucht nicht unnötig viele Werkzeuge, um die verschiedenen Formen herzustellen. Ein großes Wasserglas, der Deckel eines Samowars, eine Gabel oder einfach eure Finger reichen schon aus, um unendlich viele Varianten zuzubereiten. Lasst eure Kreativität fließen.

Ausstecher oder geriffelte Teigrädchen sollten ab und zu in Mehl getaucht werden, dann klebt der Teig nicht an ihnen.

Beim Ausstechen der Formen bleibt oft etwas Teig übrig. Diesen einfach wieder verkneten, erneut ausrollen und ausstechen.

Die Füllung für eure Teigtaschen sollte immer kalt sein. Warme Füllung »schwitzt« und kann dadurch die Teighülle aufweichen. Das erschwert das Weiterverarbeiten erheblich.

Selbiges gilt auch für die Menge der Füllung. Lieber etwas weniger Füllung nehmen, damit sich die Taschen besser verschließen lassen und beim Garen nicht aufplatzen.

Mit hauchdünn aufgetragenem Wasser oder verquirltem Eiweiß lassen sich die Teigränder sehr gut verschließen.
Die gefüllten Taschen immer auf einem mit Mehl bestäubten Tablett oder Blech ablegen. Das macht es einfach, sie später weiterzuverarbeiten und sie kleben bzw. reißen nicht. Während des Füllens ein sauberes Küchentuch auf die schon fertigen Teigtaschen legen, damit sie nicht austrocknen.

BEILAGEN

Mantı werden sehr oft mit Joghurt (oder ähnlichen Milchprodukten) serviert. Damit das warme Vergnügen etwas länger währt, empfehlen wir, den Joghurt etwas zu erwärmen. Zum Beispiel mit der Bain-Marie-Methode, also im Wasserbad über den kochenden Teigtaschen. Oder einen stichfesten Joghurt (mit 10 Prozent Fettgehalt, also süzme- oder Sahnejoghurt) verwenden und mit etwas heißem Kochwasser temperieren (also heißes Wasser während des Rührens langsam zugeben). So wird der Joghurt fließfähig, cremig und gleichzeitig warm.
Plant die Zeit für Saucen und Dips gut ein. Nichts ist ärgerlicher, als wenn das Essen kalt wird, nur weil eine der Saucen noch nicht am Tisch ist. Chilibutter und Joghurtsauce werden kurz vor den Teigtaschen zubereitet, da ist es gut, zu zweit zu arbeiten. Andere Dips und Saucen lassen sich super im Voraus planen.

VORRAT ANLEGEN

Die gefüllten Teigtaschen lassen sich vor dem Zubereiten (also ungegart) sehr gut einfrieren. So könnt ihr euch einen kleinen Vorrat anlegen oder vorarbeiten, um die Köstlichkeiten später zu genießen. Dafür die gefüllten Kostbarkeiten in einer Schicht auf ein mit Backpapier und Mehl bestäubtes Blech oder Tablett setzen, mit Frischhaltefolie bedecken und für etwa 2 Stunden in das Tiefkühlfach geben. Sobald sie gefroren sind, können sie in Gefrierbeutel umgefüllt und beschriftet werden. In den meisten Fällen sind sie so über Wochen haltbar.

Teigtaschen einfach im gefrorenen Zustand (ohne sie vorher aufzutauen) auf die gleiche Methode zubereiten, wie es im Rezept vermerkt ist. Gefroren brauchen sie jedoch etwas mehr Garzeit als im Rezept angegeben.

GARMETHODEN

Die üblichen Arten der Teigtaschenzubereitung sind das Dämpfen, Kochen, Backen, Anbraten und Frittieren. Auf diese Garmethoden werden wir kurz näher eingehen.

Dämpfen

Dampfgareinsatz, egal ob aus Bambus oder aus Metall, entweder mit einem gelochten Backpapier auslegen oder Teigtaschen vorher in Öl tauchen und dann auf den Gareinsatz platzieren, damit sie nicht kleben bleiben.

Die Garzeit variiert je nach Art der Füllung und nach Größe der Mantı und wird in den jeweiligen Rezepten als Richtwert angegeben. Es ist, besonders für Anfänger, sehr hilfreich, einen Glasdeckel zu verwenden. So könnt ihr jederzeit sehen, ob die Teigtaschen schon fertig gegart sind, ohne den Deckel anheben zu müssen. Jedes Mal, wenn ihr den Deckel öffnet, entweicht der Wasserdampf, der zum Garen nötig ist.

Falls ihr mehrstöckige Dampfkörbe benutzt, könnt ihr viel größere Portionen in einem Rutsch zubereiten. Die Teiglinge sollten jedoch nicht zu dicht stehen, damit sie nicht aneinander kleben.

Kochen

Ausreichend gesalzenes Wasser in einem großen Topf zum Kochen bringen. Für jeweils 100 g Teigtaschen benötigt ihr etwa 1 l Wasser mit ¾ EL Salz. Teigtaschen nicht alle auf einmal, sondern in mehreren Portionen vorsichtig im Kochtopf garen. Das Wasser sollte nicht sprudelnd kochen, sondern nur leicht simmern. Ab und zu sollte umgerührt werden, damit nichts am Topfboden klebt.

Nach etwa 4–5 Minuten steigen die Köstlichkeiten nach oben und ihr könnt sie mit einem Schaumlöffel herausheben. Probiert zur Sicherheit eine, bevor ihr alle aus dem kochenden Wasser holt.

Es kann unter Umständen nötig sein, die gekochten Teigtaschen in etwas zerlassener Butter oder in Öl zu schwenken, damit sie nicht aneinander kleben.

Backen

Das Backen und Übergießen mit Fleischbrühe ist eine bevorzugte Garmethode, die höchstwahrscheinlich lange nach der Aufgabe des nomadischen Lebensstils entwickelt wurde, aber hocharomatisch ist. Dafür werden häufig leicht geöffnete Blumen-, Kleeblatt- oder Kayak-Formen bevorzugt, damit die Fleischbrühe nach dem Backen in die Teigtaschen eindringen kann. Die Menge der Fleischbrühe variiert stark und hängt davon ab, in welcher Form das Gericht zubereitet wird, bzw. wie lange es im Ofen gebacken wird. Die Teigtaschen sollten mindestens zu drei Viertel bedeckt sein. Nach dem Backen kann auf Wunsch noch mehr heiße Brühe hinzugefügt werden, damit sie schön saftig und nicht zu trocken sind.

Anbraten

Gyoza (auch Potsticker) sind wohl die bekanntesten Teigtaschen, die mit dieser Methode zubereitet werden. Besonders reizvoll ist diese Art der Zubereitung in der Pfanne, wenn ein knuspriger Spitzenrock aus einer Stärkemischung (siehe Seite 142) ins Spiel kommt.

Je nach Größe der Pfanne (etwa 28 cm) einen passenden Glasdeckel auswählen. Etwas Öl in der Pfanne erhitzen und jeweils 10–12 Gyoza-Teigtaschen mit den Falten nach oben in die Pfanne setzen. Bei mittlerer bis hoher Temperatur 2–3 Minuten anbraten, bis sie unten leicht Farbe bekommen.

Etwa 60–80 ml Wasser um die Gyoza herumgießen und sofort abdecken. Vorsicht, es spritzt! 4–6 Minuten den Deckel nicht anheben, bis das Wasser komplett verdampft ist und die Teigtaschen leicht durchscheinend glänzen. Gyoza vorsichtig mit einem Spatel vom Topfboden lösen und auf einen Teller geben. Wiederholen, bis alle fertig sind.

Gut zu wissen: Alle Arten von gekochten, gedämpften Teigtaschen können auf diese Weise wieder warm gemacht und aufgepeppt werden. Also perfekt, um die Reste des Vortages zu verarbeiten.

Frittieren

Frittierte Teigtaschen sind außen kross-knusprig, innen fluffig-weich und daher unwiderstehlich lecker. Damit sie auch gut gelingen, solltet ihr einige Punkte beachten.

Neutrale Sonnenblumen-, Raps- oder Erdnussöle sind gut geeignet. Sie haben alle einen hohen Rauchpunkt. Das Öl sollte etwa 5 cm hoch im Topf stehen, jedoch maximal ein Drittel der Höhe des Topfes.

Falls ihr ein Thermometer habt, könnt ihr es genau messen. Die Temperatur sollte konstant um die 180 °C liegen. Wer kein Thermometer hat, kann einfach den Holzstäbchentest machen. Wenn am Holzstäbchen sofort kleine Bläschen aufsteigen, ist das Fett heiß genug.

Immer eine kleine Anzahl Teigtaschen vorsichtig hineingleiten lassen und frittieren, bis sie Farbe bekommen, das dauert etwa 2 Minuten. Anschließend mit einem Schaumlöffel entnehmen und sofort auf einem Küchenkrepp abtropfen lassen. Im Idealfall dauert es nicht sehr lange, bis alle fertig sind.

Zum Schluss

Falls es nicht anders vermerkt ist, werden die Rezeptmengen immer für etwa 4 Personen angegeben.

Die Zubereitungszeiten sind grobe Richtwerte, die abhängig von eurer Ausstattung und euren Fähigkeiten variieren können.

Bitte beachtet, dass die Zubereitung von Mantı je nach Familie, Herkunft und Region unterschiedlich sein kann. Einige Rezepte werden traditionell mit anderen Saucen, Füllungen oder Beilagen serviert oder anders geformt. Ihr könnt die Rezepte nach Belieben anpassen und variieren – Hauptsache, die Zubereitung macht Spaß und schmeckt!

BACKPAPIER FÜR DAMPFEINSATZ VORBEREITEN STEP BY STEP

1

2

3

4

EINEN BOGEN BACKPAPIER FÜR DEN DÄMPFEINSATZ VORBEREITEN

- Das Backpapier in der Mitte falten, vierteln, achteln und glatt streichen (siehe Abb. 1).
- Mit einem Locher in regelmäßigen Abständen kleine Löcher in das Backpapier stanzen (siehe Abb. 2).
- Die Spitze des gefalteten Backpapiers in die Mitte des Dampfgarers halten, die überstehenden Reste abschneiden und auseinanderfalten (siehe Abb. 3–4).

FALTEN VON BÄLLCHEN STEP BY STEP

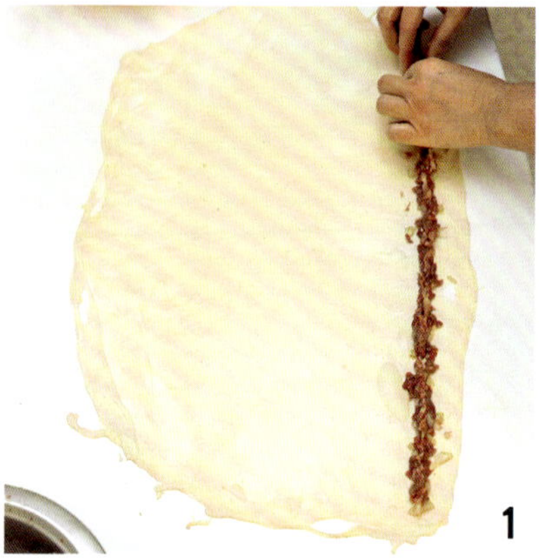

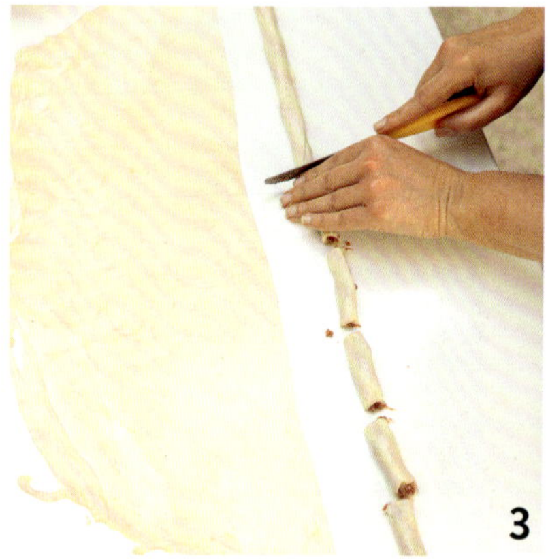

BÄLLCHEN

- Den Teig dünn ausrollen und ziehen, bis er hauchdünn ist. Etwas Füllung in einer Linie auf den Teig geben, 5–6-mal einrollen und entlang der Füllung abschneiden (siehe Abb. 1–2).
- Die so entstandenen langen Rollen in je 5–7 cm kurze Stücke schneiden (siehe Abb. 3).
- Die Kanten der Stücke zum Verschließen nach unten schlagen und die Teigtaschen dicht in eine gebutterte Form setzen (siehe Abb. 4–5).

FALTEN VON GROSSEN BLÜTEN STEP BY STEP

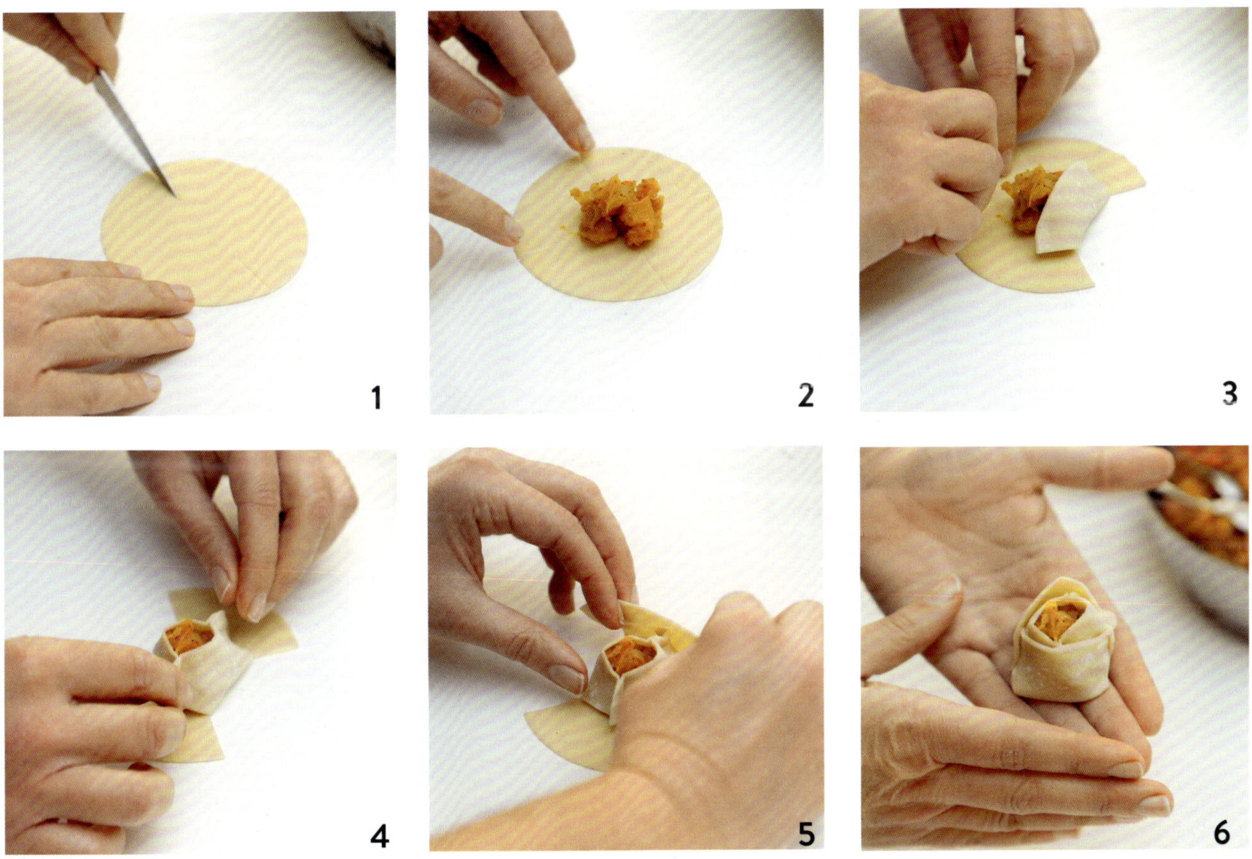

GROSSE BLÜTEN

- Ein rundes Teigblatt von vier gegenüberliegenden Seiten etwa 2–3 cm weit einschneiden. Mittig die Füllung platzieren (siehe Abb. 1–2).
- Anschließend die zwei gegenüberliegenden Kanten hochklappen und die Seiten um die Füllung schlagen, sodass die Mitte offen bleibt (siehe Abb. 3–6).

FALTEN VON BÜNDELN STEP BY STEP

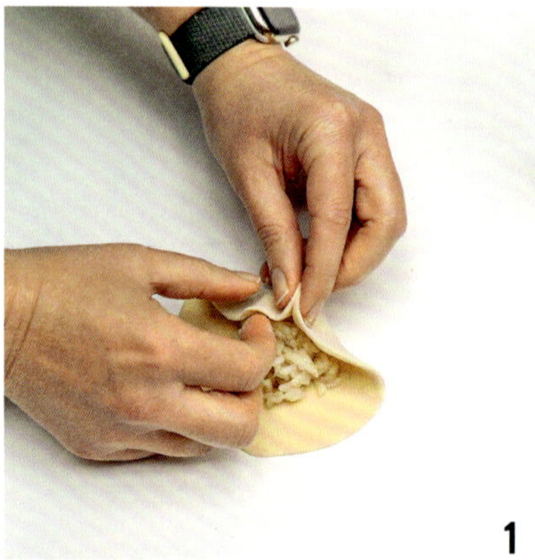
1

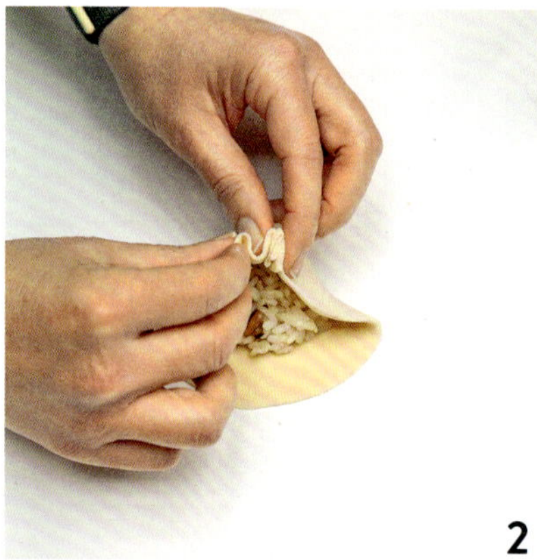
2

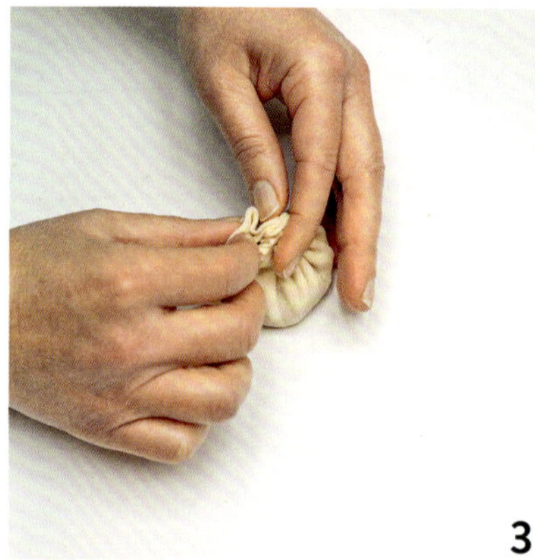
3

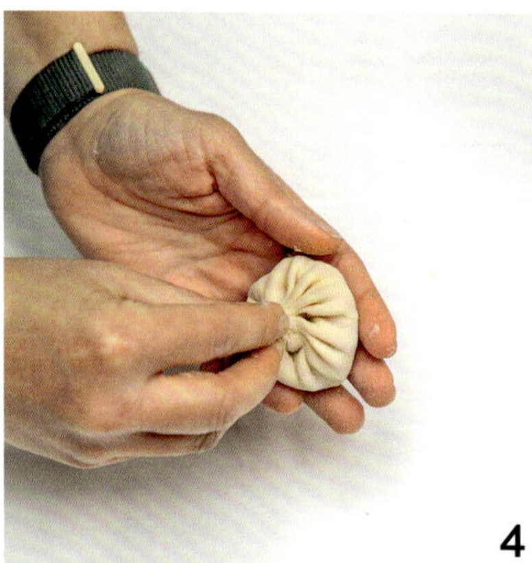
4

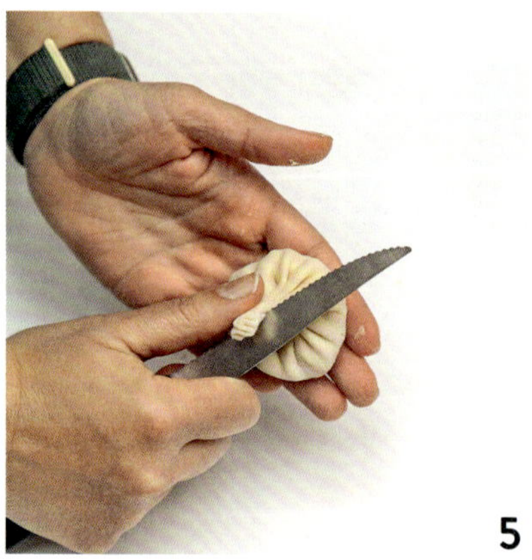
5

6

BÜNDEL

- Ein rundes, mit Füllung versehenes Teigblatt von einer Seite mit Daumen und Zeigefinger greifen und festdrücken (siehe Abb. 1).
- Mithilfe der anderen Hand immer eine kleine Falte daneben legen und festdrücken (siehe Abb. 2).
- Diesen Vorgang wiederholen und die Teigtasche dabei leicht drehen, bis sie vollständig geschlossen ist (siehe Abb. 3).
- Die Falten über der Teigtasche leicht eindrehen und zusammendrücken (siehe Abb. 4).
- Falls die Spitze zu dick ist, mit einer Schere abschneiden bzw. kürzen (siehe Abb. 5).

FALTEN VON FISCHRÜCKEN UND BOOTEN STEP BY STEP

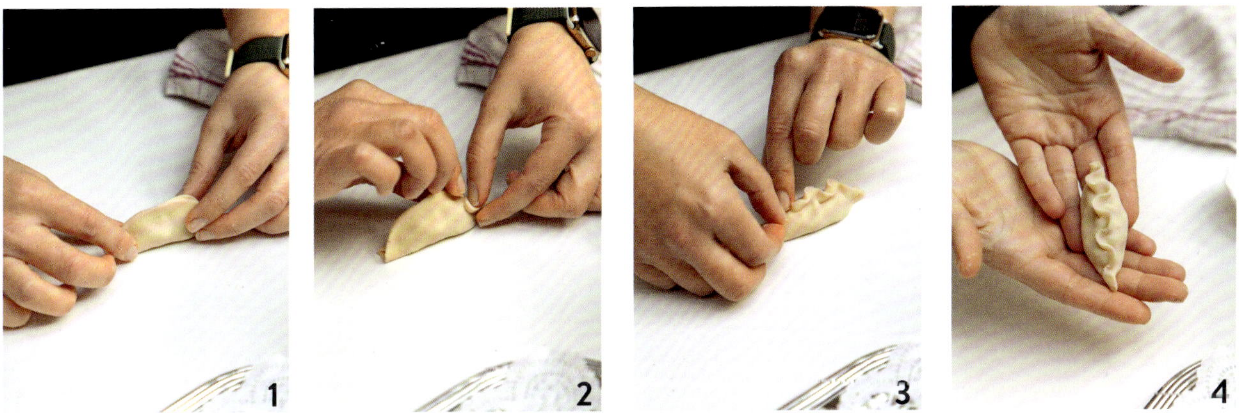

FISCHRÜCKEN

- Ein rundes Teigblatt über die Füllung klappen und festdrücken (siehe Abb. 1).
- Die obere Kante greifen und mit Daumen und Zeigefinger abwechselnd umfalten, bis die Teigtasche geschlossen ist und aussieht wie ein geschlossener Zopf (siehe Abb. 2–4).

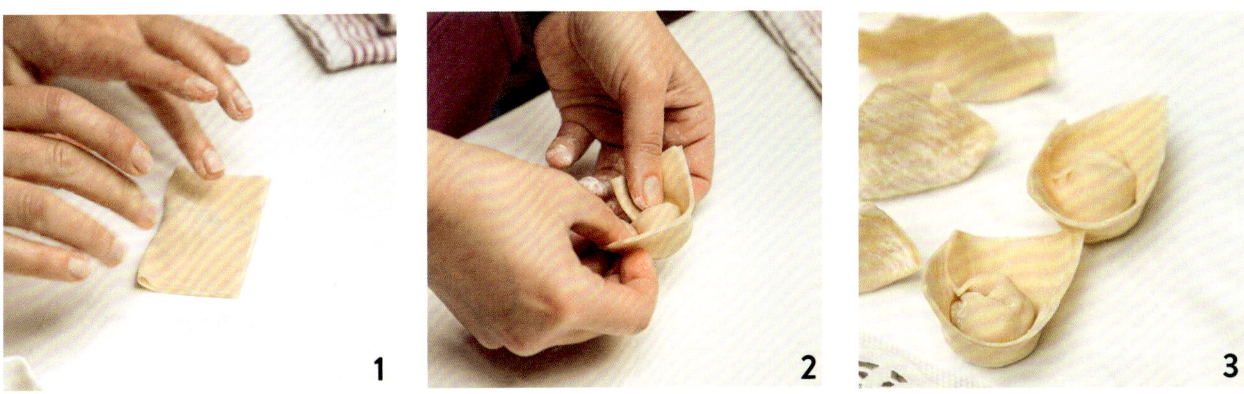

BOOTE

- Ein quadratisches Teigblatt vom Körper weg über die Füllung zu einem Rechteck falten und die Seiten festdrücken (siehe Abb. 1).
- Die beiden unteren Ecken leicht befeuchten, exakt übereinanderlegen und festdrücken, sodass ein kleines Boot entsteht (siehe Abb. 2–3).

FALTEN VON FRANGIPANI STEP BY STEP

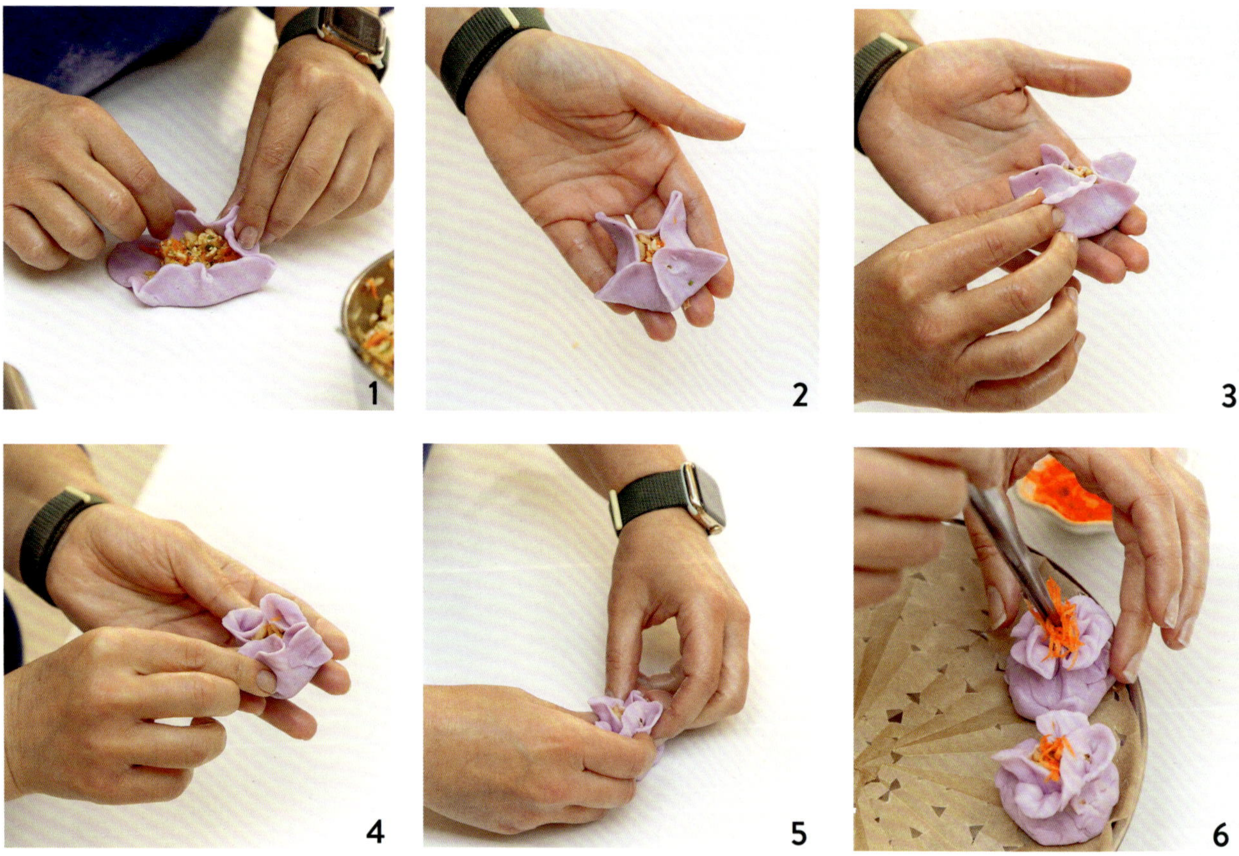

FRANGIPANI

- Ein rundes Teigblatt an fünf Seiten über die Füllung hochziehen und schließen, sodass die Mitte noch leicht geöffnet ist (siehe Abb. 1–2).
- Die spitzen Seiten mit Daumen und Zeigefinger der Reihe nach leicht andrücken und umfalten, sodass die Frangipani-Blüten entstehen (siehe Abb. 3–4).
- Direkt unter den Blüten von unten leicht hochdrücken (siehe Abb. 5).
- In die mittlere Öffnung einige feine Möhrenstreifen setzen und etwas zurechtzupfen (siehe Abb. 6).

FALTEN VON GYOZA STEP BY STEP

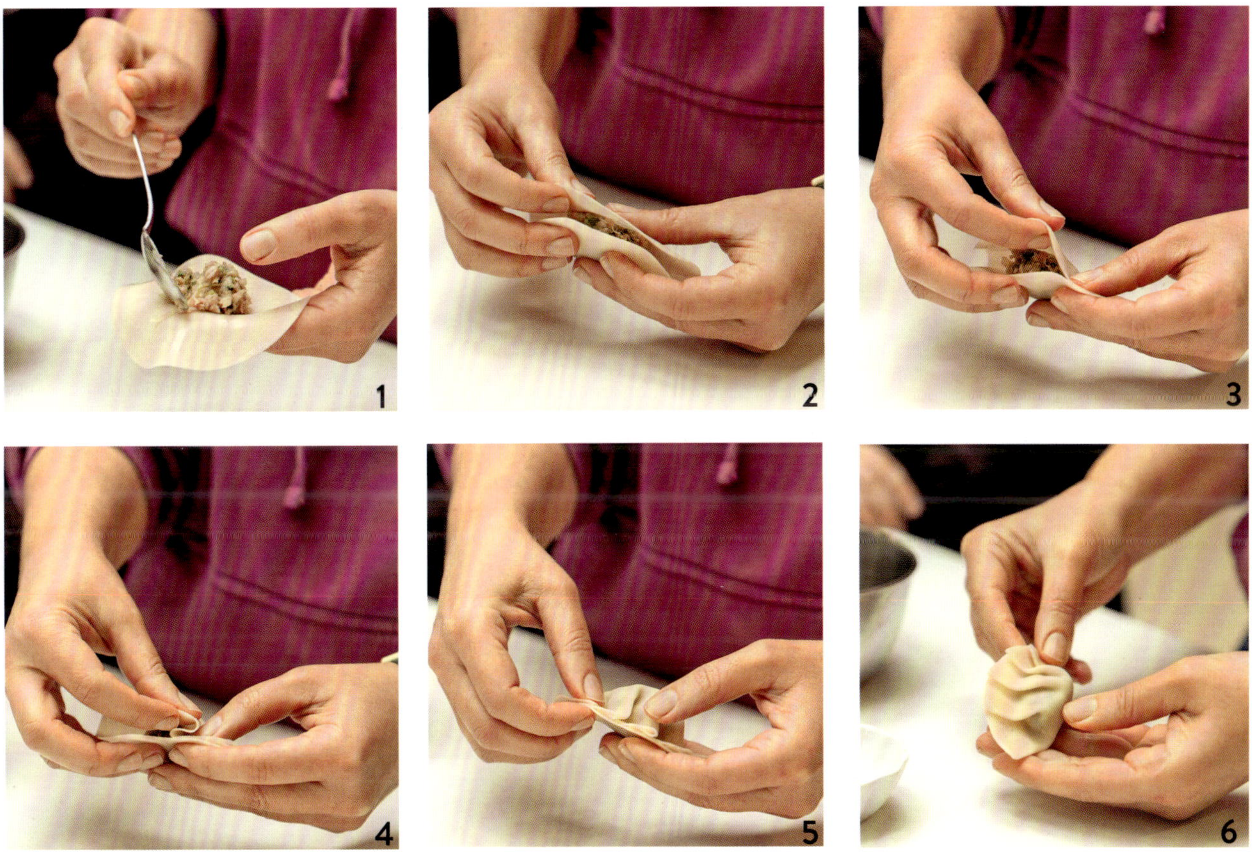

GYOZA

- Die Ränder eines runden Teigblatts mit etwas Wasser befeuchten. Die Füllung mittig daraufgeben. Den Teig zum Halbmond über die Füllung halten (siehe Abb. 1–2).
- Beim Verschließen von einer Seite etwa 4–6 Falten formen und festdrücken (siehe Abb. 3–6).

FALTEN VON HALBMONDEN STEP BY STEP

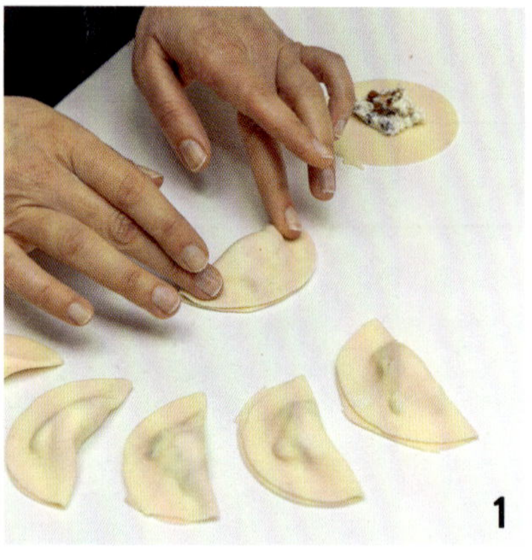

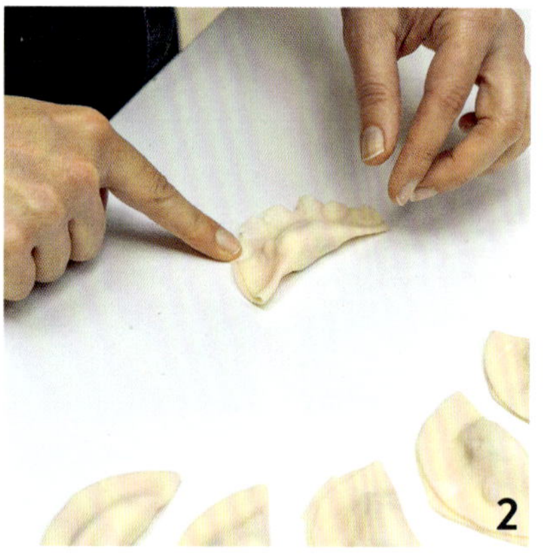

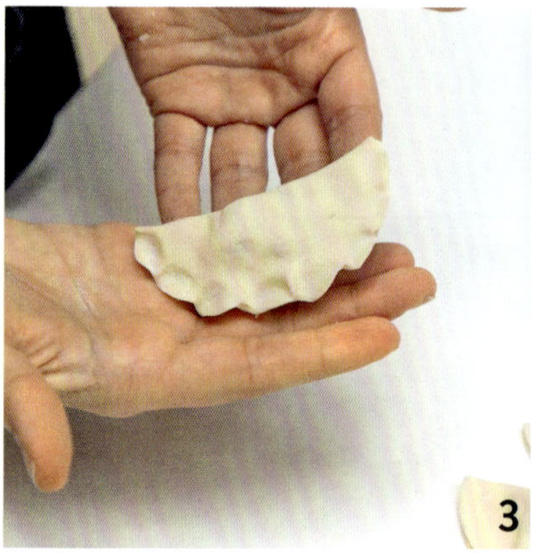

HALBMONDE

- Ein rundes Teigblatt über die Füllung zu einem Halbmond schließen. Mit einem Teigrädchen, einer Gabel oder den Fingern festdrücken (siehe Abb. 1–3).

FALTEN VON KLEEBLÄTTERN UND PYRAMIDEN STEP BY STEP

1

2

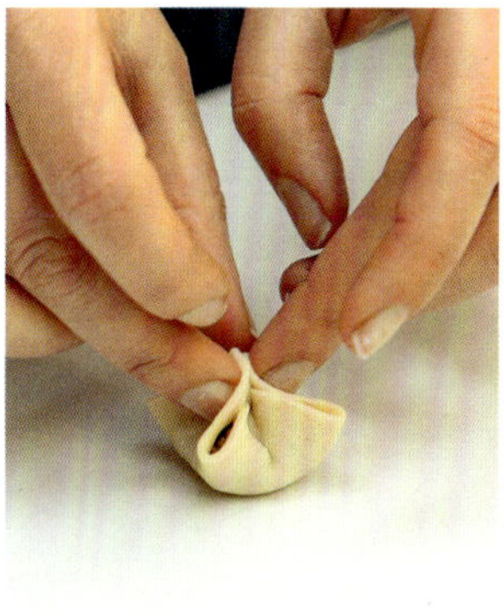
3

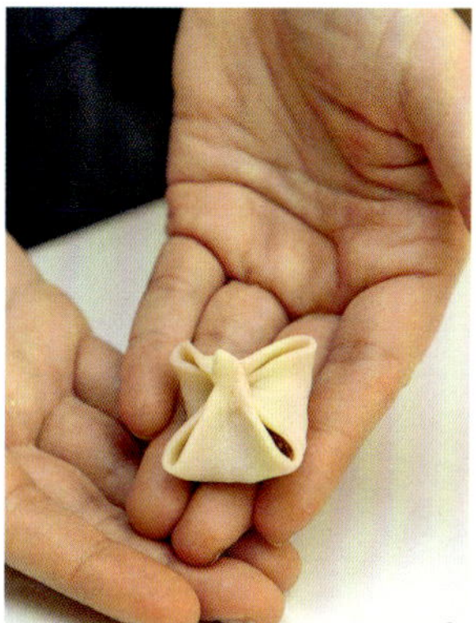
4

KLEEBLÄTTER

- Den runden oder quadratischen Teig von den gegenüberliegenden Seiten über die Füllung halten und in der Mitte festdrücken, sodass eine Kleeblattform zu erkennen ist. Die Seiten bleiben noch leicht offen (siehe Abb. 1–4).

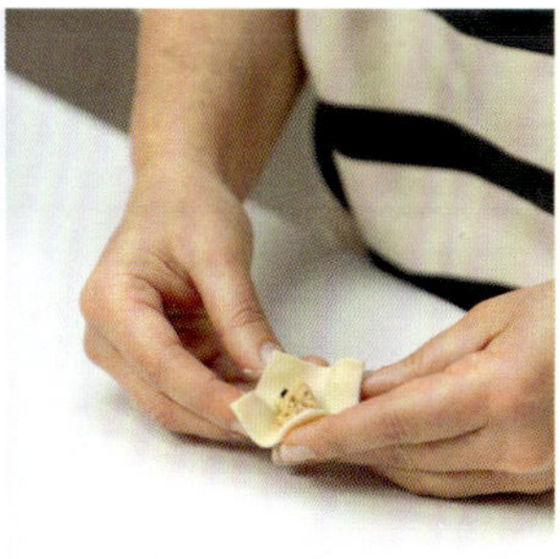
1

2

3

4

PYRAMIDEN

- Die Ecken eines quadratischen Teigblatts vorsichtig wie eine Pyramide über die Füllung schließen (siehe Abb. 1–3).
- Alle Kanten erneut etwas festdrücken, bis die Teigtasche verschlossen ist (siehe Abb. 3–4).

FALTEN VON LILIEN UND OROMO STEP BY STEP

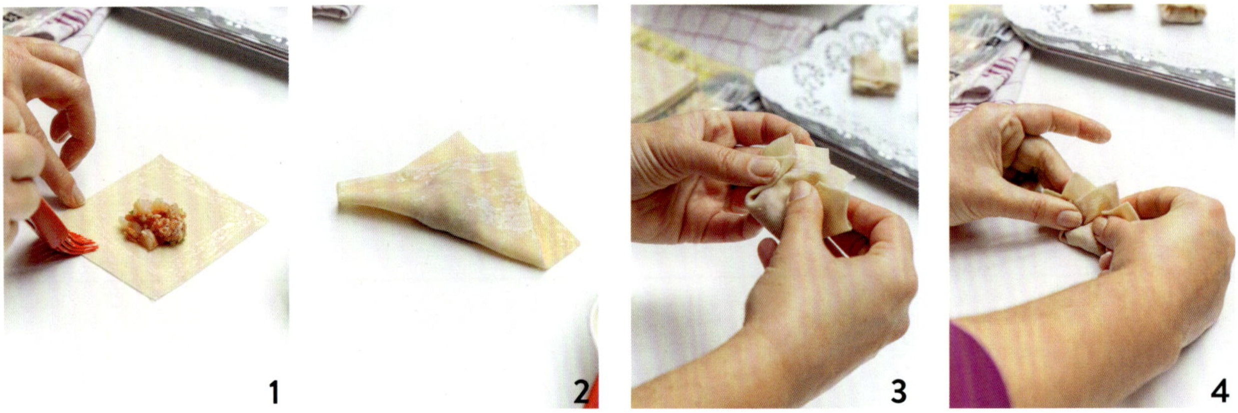

LILIEN

- Ein quadratisches Teigblatt vom Körper weg diagonal über die Füllung falten, sodass die oberen Ecken leicht versetzt nebeneinanderliegen (siehe Abb. 1–2).
- Die seitlichen Spitzen befeuchten und ebenfalls nach oben falten, sodass vier Spitzen entstehen (siehe Abb. 3).
- Leicht festdrücken und mit der Füllung nach unten aufsetzen (siehe Abb. 4).

OROMO

- Die Teigblätter mit etwas Olivenöl bepinseln. Die Füllung gleichmäßig auf den Teigplatten verteilen und von einer Seite her aufrollen, so dass eine Teigrolle entsteht (siehe Abb. 1).
- Die Teigrolle zu einem Ring formen und vorsichtig in den Dampfgareinsatz heben (siehe Abb. 2–3).

FALTEN VON TEIGSPIRALEN UND TORTELLINI STEP BY STEP

TEIGSPIRALEN

- Die beiden Teigblätter übereinander auf die Arbeitsfläche legen und mit einem scharfen Messer halbieren. Jede Teighälfte mit etwas Wasser bepinseln, dann von der Schnittkante ausgehend aufrollen (siehe Abb. 1–2).
- Alle Teigrollen in 2–2,5 cm dicke Stücke schneiden und diese mit der Schnittkante nach oben in eine leicht gefettete Auflaufform setzen (siehe Abb. 3–4).

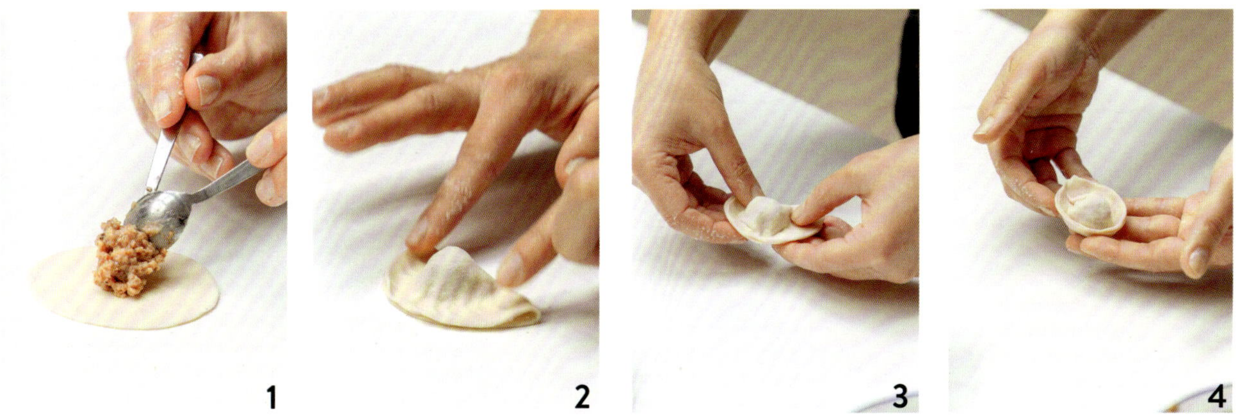

TORTELLINI

- Ein rundes Teigblatt über die Füllung zu einem Halbmond schließen (siehe Abb. 1–2).
- Anschließend die beiden unteren Spitzen zusammenführen und festdrücken (siehe Abb. 3–4).

FALTEN VON ZAPFEN UND YÜKSÜK STEP BY STEP

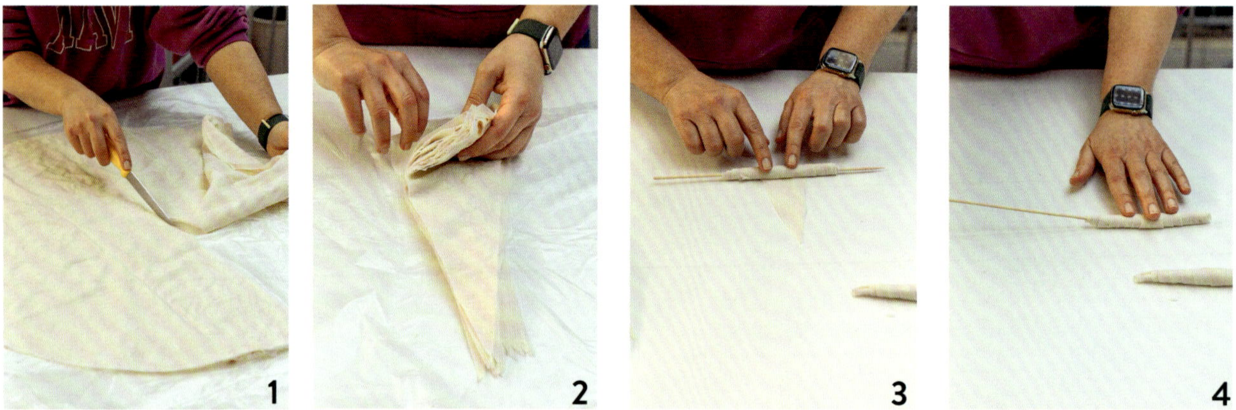

ZAPFEN

- Zwei runde Yufka-Teigblätter übereinander auf die Arbeitsfläche legen und mit einem scharfen Messer wie eine Torte in 16 gleich große Abschnitte schneiden (siehe Abb. 1–2).
- Jedes dieser Dreiecke mit etwas Wasser bepinseln, dann mit einem dünnen Holzstäbchen (z.B. einem Schaschlikspieß) zur Spitze hin aufrollen (siehe Abb. 3).
- Das Holzstäbchen ganz vorsichtig an der Seite herausziehen (siehe Abb. 4).

YÜKSÜK

- Ein quadratisches Teigblatt vom Körper weg diagonal über die Füllung falten und verschließen (siehe Abb. 1–2).
- Dann die beiden unteren Spitzen vor der Füllung zusammenführen und festdrücken (siehe Abb. 3).

FALTEN VON ROSEN STEP BY STEP

ROSEN

- Jeweils 3–4 runde Teigblätter leicht überlappend nebeneinander legen und etwas festdrücken (siehe Abb. 1).
- Etwas Füllung mittig in einer Reihe anordnen (siehe Abb. 2).
- Die untere Seite jedes Kreises über die Füllung klappen (siehe Abb. 3).
- Von einer Seite ausgehend vorsichtig zu einer Rose aufrollen (siehe Abb. 4).
- Mit der Hand etwas zurechtzupfen und aufrecht hinstellen (siehe Abb. 5).

Suppen

JOGHURTSUPPE MIT TEIGTASCHEN UND GRÜNEN LINSEN

Tutmaç çorbası

VORBEREITUNG: 1 STUNDE | ZUBEREITUNGSZEIT: 30 MINUTEN | PYRAMIDEN ODER ANDERE FORM

FÜR 4–6 PERSONEN

Für die Hackfleischbällchen

200 g mageres Hackfleisch vom Rind
⅓ TL Salz
2–3 Prisen frisch gemahlener schwarzer Pfeffer
2–3 EL Weizenmehl Type 405

Für die Suppe

130 g grüne Linsen (alternativ gegarte Kichererbsen), gewaschen und abgetropft
Salz
1 Rezept Teigtaschen (siehe Rezept »Fingerhut-Suppe« Seite 38)
300 g Naturjoghurt (3,5 % Fettgehalt)
1 Eigelb
2 EL Weizenmehl Type 405
frisch gemahlener schwarzer Pfeffer

Für die Minzbutter

50 g Butter
1 EL getrocknete Nane-Minze

Zum Anrichten

2–4 Stängel glatte Petersilie, klein geschnitten

ZUBEREITUNG

Für die Hackfleischbällchen das Hackfleisch und die Gewürze einige Minuten gut verkneten. Einen flachen Teller mit Mehl bestreuen und bereitstellen. Etwa 2 cm große Stücke vom Hackfleisch entnehmen, zwischen den Handflächen zu runden Bällchen rollen und im Mehl wälzen.

Für die Suppe die Linsen mit der dreifachen Menge gesalzenem Wasser aufkochen und etwa 6–8 Minuten leicht köcheln lassen. Dann die Linsen durch ein Sieb gießen, unter fließendem Wasser abspülen und abtropfen lassen. Anschließend etwa 1,2 l Wasser aufkochen, die Hackfleischbällchen zugeben und 5–6 Minuten leicht köcheln lassen. Danach die Teigtaschen sowie die Linsen zufügen und weitere 4–6 Minuten leicht köcheln lassen.

Zum Legieren den Joghurt, das Eigelb und das Mehl in einer Schüssel gründlich verquirlen. Etwa 1–2 Schöpfkellen der Suppenflüssigkeit langsam und unter ständigem Rühren unter diese Mischung rühren, um die Temperatur anzugleichen. Danach die Legierung vorsichtig in die Suppe rühren und die Temperatur auf ein Minimum reduzieren. Mit Salz und Pfeffer abschmecken.

Für die Minzbutter die Butter in einer Pfanne zerlassen, die Nane-Minze kurz darin schwenken und vom Herd nehmen.

ANRICHTEN

Die Suppe auf tiefe Teller verteilen und die Minzbutter darüberträufeln. Mit der Petersilie garnieren.

TIPP

In diesem Rezept lassen sich auch wunderbar Teigtaschenreste vom Vortag verarbeiten. Das Vorkochen der Linsen dient dazu, die Farbe und Verdaulichkeit der Suppe zu verbessern. Leider gehen dabei Nährstoffe verloren. Alternativ können die Linsen auch direkt in die Suppe gegeben werden.

WAN-TAN-SUPPE

VORBEREITUNG: **40 MINUTEN** | ZUBEREITUNGSZEIT: **10 MINUTEN** | **BOOTE ODER ANDERE WAN-TAN-FORM**

FÜR 4–6 PERSONEN

ca. 48 gekaufte quadratische Wan-Tan-Teigblätter (TK), aufgetaut

Für eine Füllung mit Hühnerfleisch (ergibt ca. 48 Teigtaschen)
350 g ausgelöste Hähnchenschenkel (oder Hühnerbrust)
1½ TL Shaoxing-Reiswein
1½ TL Sojasauce
1 Ei
1½ TL geröstetes Sesamöl
1–1½ cm frischer Ingwer, geschält
4 Frühlingszwiebeln, grob geschnitten
¾ TL Salz
⅓ TL frisch gemahlener weißer Pfeffer

Für eine Füllung mit Eiern und Pilzen (ergibt ca. 48 Teigtaschen)
3 EL Erdnussöl
8 Eier (Größe L), verquirlt
250 g braune Champignons, klein gewürfelt
2 milde, grüne Spitzpaprika, sehr klein gewürfelt
3 TL Austernsauce
1½ TL Sesamöl
¾ TL Salz

ZUBEREITUNG

Für die Füllung mit Hühnerfleisch alle Zutaten mit 2–3 EL Wasser in einen Hochleistungsmixer geben und mehrmals pulsierend zerkleinern. Dabei 1–2-mal umrühren, bis eine homogene, klebrige Masse entsteht. Durch das gemeinsame Zerkleinern der Zutaten gehen alle Aromen ineinander über und ergeben ein schönes Mundgefühl. Zudem erleichtert es später das Füllen der Teigtaschen.

Für die Ei-Pilz-Füllung 2 EL Erdnussöl in einer großen, beschichteten Pfanne erhitzen. Die Eier in der Pfanne unter Rühren leicht stocken lassen, vom Herd ziehen, mit dem Holzspachtel in kleine Stücke zerteilen und zum Abkühlen in eine Schüssel geben.
In derselben Pfanne erneut 1 EL Erdnussöl stark erhitzen und die Pilze so lange unter Rühren anbraten, bis sie Farbe bekommen und keine Flüssigkeit mehr vorhanden ist. Die Pilze mit den restlichen Zutaten in einer Schüssel vermengen und abschmecken. Es sollte leicht salzig schmecken.

Jeweils 1–1½ TL der gewählten Füllungsvariante mittig auf den Teigblättern platzieren. Die Ränder mit etwas Wasser (oder Eiweiß) befeuchten. Den Teig über die Füllung zu einem Rechteck falten und die Seiten festdrücken. Die unteren Ecken leicht befeuchten, übereinanderlegen und festdrücken, sodass ein kleines Boot entsteht.

Für die Suppe
1,4–1,6 l Hühner- oder Gemüsefond, je nach Geschmack
3–4 Knoblauchzehen, mit einem Messer leicht zerdrückt
2 cm frischer Ingwer, geschält und in dünne Scheiben geschnitten
3 EL Sojasauce
3 TL Zucker
3 EL Shaoxing-Reiswein
2 EL geröstetes Sesamöl
Salz
frisch gemahlener weißer Pfeffer

Als Einlage für die Suppe
200 g asiatische Eiernudeln (oder Mie-Nudeln)
1 kleiner Pak Choi (alternativ junger Spinat oder chinesischer Brokkoli), geviertelt
1 Karotte, in feine Streifen geschnitten
2 Frühlingszwiebeln, mit Grün in feine Ringe geschnitten

Zum Anrichten
fein geschnittene Frühlingszwiebeln
Röstzwiebeln
Japanisches Chiliöl (Rayu oder La-yu)

Für die Suppe den Fond mit den restlichen Zutaten in einem großen Topf zum Kochen bringen und bei Bedarf mit Salz und Pfeffer nachwürzen. Die Temperatur reduzieren und die Suppe 10 Minuten simmern lassen. Dann den Knoblauch und den Ingwer mit einem Schaumlöffel entfernen und die Eiernudeln hinzufügen. Nach 2–4 Minuten vom Herd ziehen und den Pak Choi sowie die Frühlingszwiebeln untermischen.

Parallel ausreichend gesalzenes Wasser in einem weiteren Topf zum Kochen bringen. Die Teigtaschen vorsichtig hineingleiten lassen und erneut erhitzen, bis das Wasser nahezu kocht. Das Wasser etwa 4–5 Minuten leicht simmern lassen, bis die Teigtaschen gar sind und nach oben steigen. Mit einem Schaumlöffel entnehmen und etwas abtropfen lassen.

ANRICHTEN

Die Suppe mit den Nudeln und dem Gemüse auf tiefe Teller verteilen und einige Wan Tan dazu anrichten. Mit etwas Chiliöl beträufeln und mit den fein geschnittenen Frühlingszwiebeln sowie Röstzwiebeln garnieren.

TIPP

Die beiden Füllungen sind jeweils für 48 Wan Tan berechnet – ihr entscheidet, welche der beiden ihr zubereiten wollt.

Statt nur für Hühnerfleisch, könnt ihr euch auch für eine Mischung aus Huhn und Garnelen oder gemischtes Hackfleisch (Lamm und Rind) entscheiden. Für gemischtes Lamm-Rind-Hackfleisch empfehlen wir, die Teigtaschen mit geröstetem und gemahlenem Szechuan-Pfeffer zu würzen, sowie zwei gehackte Tomaten für die Rinderbrühe.

Für eine reichhaltigere Suppe könnt ihr auch Brokkoliröschen, Pilze oder anderes Gemüse als Einlage benutzen (oder sogar Eier darin pochieren) – probiert es aus!

FINGERHUT-SUPPE

Yüksük çorbası

VORBEREITUNG: **1 STUNDE** | ZUBEREITUNGSZEIT: **30 MINUTEN** | **PYRAMIDEN ODER YÜKSÜK**

FÜR 4–6 PERSONEN

Für die Teigtaschen

125 g Weizenmehl Type 405 plus etwas mehr für die Teigbearbeitung
1 Eigelb (Größe S)
etwa 6 EL kaltes Wasser
1–2 Prisen Salz

Für die Hackfleischfüllung

75 g Hackfleisch vom Rind oder Lamm- und Rindfleisch gemischt
1 Schalotte, gerieben
1 Stängel glatte Petersilie, klein geschnitten
1 Prise gemahlener Kreuzkümmel (Cumin)
1 Prise edelsüßes Paprikapulver
1–2 Prisen Salz
frisch gemahlener schwarzer Pfeffer

ZUBEREITUNG

Für den Teig alle Zutaten vermengen und mit beiden Händen mindestens 10 Minuten zu einem glatten, geschmeidigen Teig kneten. Den Teig in Frischhaltefolie einschlagen und mindestens 30–60 Minuten (besser 3–4 Stunden) an einem kühlen Ort ruhen lassen.

Für die Füllung ebenfalls alle Zutaten in einer Schüssel vermengen.

Den Teig auf einer bemehlten Arbeitsfläche dünn ausrollen. Je nach gewünschter Form etwa 3–4 cm große Quadrate schneiden und etwa ¼ TL Füllung mittig platzieren. Den Teig vorsichtig wie eine Pyramide über der Füllung schließen.

Für die Suppe die Butter in einem Topf erhitzen. Das Lammfleisch zugeben und bei hoher Temperatur kurz anbraten, bis es etwas Farbe bekommt. Dann erst die Zwiebeln untermischen und 2–3 Minuten später auch das Salça kurz mitbraten, bis sich der Topfinhalt am Topfboden anzusetzen beginnt. Anschließend die Gewürze, die Tomaten, den Knoblauch sowie das Wasser unterrühren. Die Suppe einmal aufkochen und mit geschlossenem Deckel etwa 25 Minuten leicht köcheln lassen. Sobald das Lammfleisch gar ist, die Kichererbsen und die Teigtaschen untermischen und zusammen weitere 8–10 Minuten leicht köcheln lassen. Vor dem Servieren mit dem Zitronensaft und -abrieb abschmecken.

Für die Minzbutter die Butter in einer Pfanne zerlassen, die Nane-Minze kurz darin schwenken und vom Herd nehmen.

Für die Suppe
2 EL Butter
200 g Lammfleisch aus der Keule, 1 cm klein gewürfelt
1 große Zwiebel, fein gerieben oder sehr klein gewürfelt
1 EL Salça (Tomaten- und/ oder Paprikamark), mild oder scharf
½ TL frisch gemahlener schwarzer Pfeffer
⅓ TL Pul Biber (Chiliflocken)
1 EL Sumach (Sumak)
1 TL Salz
etwa 200 g passierte Tomaten (Konserve)
2–3 Knoblauchzehen, klein geschnitten
etwa 1½ l lauwarmes Wasser
180 g gegarte Kichererbsen (Konserve), gewaschen und abgetropft
etwas feiner Abrieb und 2–3 EL Saft von 1 unbehandelten Zitrone

Für die Minzbutter
50 g Butter
1 EL getrocknete Nane-Minze

Zum Anrichten
einige Blätter frische Minze oder Petersilie

ANRICHTEN

Die Suppe auf tiefe Teller verteilen und etwas von der Minzbutter darüberträufeln. Mit frischen Kräutern garnieren.

TIPP

Für diese Suppe lassen sich auch wunderbar die Teigtaschenreste vom Vortag verarbeiten. Falls ihr zwei Handvoll Teigtaschen übrighabt, zum Beispiel vom Rezept »Kayseri mantısı« (siehe Seite 58), »Pelmeni-Teigtaschen mit veganem Hack« (siehe Seite 128) oder »Nudelschiffchen im Ofen mit Linsenfüllung« (siehe Seite 116), könnt ihr die ersten drei Schritte hier überspringen und direkt mit der Suppe beginnen. Das Lammfleisch in der Suppe ist ebenfalls optional und wird in einigen Gegenden der Türkei nicht verwendet. Die Suppe könnte also auch als vegetarische Version zubereitet werden.

TEIGTASCHEN IN FLUSSKREBS-SAFRAN-FOND

Deniz mahsullü ve safranlı mantı çorbası

VORBEREITUNG: **20 MINUTEN** | ZUBEREITUNGSZEIT: **20 MINUTEN** | **TORTELLINI ODER ANDERE FORM**

FÜR 4–6 PERSONEN

Für den Flusskrebs-Safran-Fond
ca. 1,2 l Flusskrebsfond (alternativ Garnelen oder Fischfond)
7–8 Safranfäden, gemörsert und mit 2 EL warmem Wasser angerührt
Salz
frisch gemahlener schwarzer Pfeffer

Für die Meeresfrüchtefüllung
300 g rohe Garnelen, klein geschnitten
100 g rohe Krabben oder Krebsfleisch, klein geschnitten
2–3 Stängel frischer Dill, klein geschnitten
½ TL getrocknete Nane-Minze
1 kleine Chilischote, entkernt und sehr klein gewürfelt
etwas feiner Abrieb und 2 EL Saft von 1 unbehandelten Limette
2 hart gekochte Eier, klein gewürfelt
1 EL natives Olivenöl extra
½ TL flüssiger Honig
Meersalz
frisch gemahlener schwarzer Pfeffer

Für den Teig
Gyoza-Teig (siehe Rezept »Gemüse-Gyoza« Seite 98)
alternativ 24 fertige runde Gyoza-Teigblätter

ZUBEREITUNG

Für die Füllung alle Zutaten in einer großen Schüssel vermengen und 30 Minuten im Kühlschrank marinieren lassen.

Den vorbereiteten Teig auf einer mit Stärke bemehlten Arbeitsfläche dünn ausrollen und 8–9 cm große Kreise ausstechen bzw. die Gyoza-Teigblätter auf der Arbeitsfläche ausbreiten. Je 1 TL Füllung mittig platzieren, gegebenenfalls die Ränder mit etwas Wasser befeuchten und den Teig vorsichtig über die Füllung zu einem Halbmond schließen. Anschließend die beiden Spitzen zusammenführen und festdrücken.

Für den Flusskrebs-Safran-Fond den Fond in einem großen Topf zum Kochen bringen. Den Safran zugeben und mit Salz und Pfeffer abschmecken. Die Temperatur reduzieren und den Fond bei niedriger Temperatur leicht simmern lassen.

Ausreichend gesalzenes Wasser in einem weiteren Topf zum Kochen bringen. Die Teigtaschen vorsichtig hineingleiten lassen und erneut erhitzen, bis das Wasser nahezu kocht. Dann etwa 4–6 Minuten leicht simmern lassen, bis die Teigtaschen gar sind und nach oben steigen. Teigtaschen mit einem Schaumlöffel entnehmen und etwas abtropfen lassen.

Für das Chiliöl das Olivenöl in einem kleinen Stieltopf leicht erhitzen, das Paprikapulver und die Chiliflocken einrühren und vom Herd nehmen.

ANRICHTEN

Die Teigtaschen auf tiefe Teller verteilen und den Flusskrebs-Safran-Fond angießen. Etwas Chiliöl darüberträufeln und mit Petersilie und Schnittlauch garnieren.

Für das Chiliöl
2–3 EL natives Olivenöl extra
½ TL edelsüßes Paprikapulver
1–2 Prisen Pul Biber (Chiliflocken)

Zum Anrichten
1–2 Stängel glatte Petersilie, klein geschnitten
Schnittlauchringe

TIPP

Wenn die Teigtaschen separat gegart und erst zum Servieren in die Brühe gegeben werden, bleibt die Brühe schön klar.

Fleisch

JAPANISCHE GYOZA

Wundervoll knusprige Gyoza mit Hackfleisch

ZUBEREITUNGSZEIT: 20 MINUTEN | VORBEREITUNG: 1 STUNDE | GYOZA

FÜR 4–6 PERSONEN

Für den Gyoza-Teig
½ TL Salz
etwa 150 ml kochendes Wasser
300 g gesiebtes Weizenmehl Type 405
alternativ etwa 36 fertige runde Gyoza-Teigblätter (TK, aufgetaut)
etwas Kartoffelstärke für die Teigbearbeitung
4–6 EL Sonnenblumenöl zum Braten

Für die Füllung
180 g Spitzkohl (oder Chinakohl), 2–3 mm klein gewürfelt
Salz
400 g nicht zu mageres Hackfleisch (Hähnchen, Rind, Schwein oder gemischt)
50 g Schnittknoblauch (Nira), klein geschnitten
1 Knoblauchzehe, fein gerieben
1½ cm frischer Ingwer, fein gerieben
1 TL Sesamöl
1 EL japanischer Reiswein (Sake)
2 TL Sojasauce

Für die Dip-Sauce
5–6 EL Sojasauce
3 EL Reisessig
japanisches Chiliöl (Rayu oder La-yu)

Zum Anrichten
Schnittknoblauch (Nira), klein geschnitten

ZUBEREITUNG

Für den Teig das Salz in das Wasser rühren, bis es aufgelöst ist. Das Salzwasser zum Mehl in die Schüssel geben. Zuerst mit einer Gabel (Vorsicht, sehr heiß!) vermischen, dann mit den Händen mindestens 5–6 Minuten zu einem glatten, homogenen Teig kneten. Den Teig in Frischhaltefolie einschlagen und mindestens 30 Minuten (besser 1–2 Stunden) an einem kühlen Ort ruhen lassen.

Für die Füllung zuerst den Kohl und ½ TL Salz in einer Schüssel gut vermischen und 20 Minuten ruhen lassen, damit der Kohl leicht zusammenfallen kann. Dann mit den restlichen Zutaten in eine große Schüssel geben und alles gut vermischen.

Den Teig auf einer mit Kartoffelstärke gestaubten Arbeitsfläche dünn ausrollen. Dann entweder Kreise (ø 8–9 cm) ausstechen oder mit den fertigen Gyoza-Teigblättern weiterarbeiten. Etwa 1½–2 TL Füllung mittig platzieren. Dann den Teigrand mit etwas Wasser befeuchten und zum Halbmond über die Füllung halten, beim Verschließen etwa 4–6 Falten formen und festdrücken. Die Gyozas mit etwas Abstand zueinander auf ein mit Stärke bestaubtes Backblech legen und abdecken, bis alle Teigtaschen geformt sind.

Einen zur Größe der Pfanne (etwa 28 cm) passenden Glasdeckel auswählen. 1½–2 EL Öl in der Pfanne erhitzen und jeweils 10–12 Teigtaschen mit den Falten nach oben in die Pfanne setzen. Anschließend bei mittlerer bis hoher Temperatur 2–3 Minuten anbraten, bis sie unten leicht Farbe bekommen. Dann 60–80 ml Wasser um die Gyoza herum gießen und sofort abdecken. Vorsicht, es spritzt! 4–5 Minuten den Deckel nicht anheben, bis das Wasser komplett verdampft ist und die Teigtaschen leicht durchscheinend zu glänzen beginnen. Die Gyoza vorsichtig mit einem Spatel vom Topfboden lösen, aus der Pfanne nehmen und auf einem Teller abgedeckt beiseitestellen. Den Bratvorgang wiederholen, bis alle Gyoza gebraten sind.

Für die Dip-Sauce alle Zutaten miteinander vermischen.

ANRICHTEN

Die Gyoza zügig auf den Tellern anrichten und mit dem Schnittknoblauch garnieren. Die Dip-Sauce in separaten Schälchen dazu servieren.

TIPP

Sollte kein Schnittknoblauch zur Hand sein, kann er durch 40 g klein gewürfelte Frühlingszwiebeln und 2 geriebene Knoblauchzehen ersetzt werden.
Ein Glasdeckel für die Pfanne ist sehr praktisch, um den Zustand der Teigtaschen zu überprüfen.

KINGSIZE MANDU MIT KIMCHI, RIND UND TOFU

Kimchi-Wangmandu

VORBEREITUNG: 1½ STUNDEN | ZUBEREITUNGSZEIT: 20 MINUTEN | GYOZA ODER ANDERE FORM

FÜR 4–6 PERSONEN

Für den Teig

260 g Weizenmehl Type 405 plus etwas mehr für die Teigbearbeitung
etwa 130 ml kaltes Wasser
½ TL Salz
8 EL Sonnenblumenöl, zum Anbraten

Für die Füllung

230 g Brustfleisch vom Rind, in Würfel geschnitten
3 Knoblauchzehen, abgezogen
2 cm frischer Ingwer, geschält
2 TL Sojasauce
1 EL brauner Zucker
1½ EL geröstetes Sesamöl
1½ TL frisch gemahlener schwarzer Pfeffer
1–2 EL Sonnenblumenöl
50 g Schnittknoblauch (Nira), klein geschnitten
1 große Zwiebel, sehr klein gewürfelt
140 g Kimchi, Flüssigkeit ausgedrückt und sehr klein geschnitten
120 g Naturtofu, ausgedrückt und in 1 cm kleine Würfel geschnitten
1 TL Salz

ZUBEREITUNG

Alle Zutaten für den Teig vermengen und mit beiden Händen mindestens 10 Minuten glatt und geschmeidig Teig. Den Teig in Frischhaltefolie einschlagen und mindestens 30–60 Minuten (besser 3–4 Stunden) an einem kühlen Ort ruhen lassen.

Für die Füllung das Rindfleisch, den Knoblauch und den Ingwer in einem Standmixer zerkleinern. (Alternativ das Rindfleisch einmal durch den Fleischwolf drehen und mit fein geriebenem Knoblauch und Ingwer mischen.) Die Sojasauce, den Zucker, das Sesamöl sowie den Pfeffer zum Hackfleisch geben und gut vermischen. Das Öl in einer Pfanne erhitzen und die Hackfleischmischung krümelig braten. Dann in eine Schüssel umfüllen und vollständig abkühlen lassen. Die restlichen Zutaten für die Füllung zum Hackfleisch geben und alles gut vermischen.

Den Teig auf einer bemehlten Arbeitsfläche zu einer langen Rolle formen und in 12–16 Stücke teilen. Aus jedem Teigstück eine Kugel formen und erneut gut mit Klarsichtfolie abdecken, da der Teig schnell austrocknet. Nacheinander die Teigkugeln mit der Handfläche plattdrücken, dann mit einem Teigroller rund ausrollen (ø ca. 14 cm). Je 2–2½ EL Füllung mittig platzieren und den Teig zum Halbmond über die Füllung halten. Beim Verschließen etwa 4–6 Falten formen und festdrücken. Die Teigtaschen mit etwas Abstand zueinander auf ein bemehltes Backblech legen und abdecken, bis alle Teigtaschen geformt sind.

Einen zur Größe der Pfanne (etwa 28 cm) passenden Glasdeckel auswählen. Je 2 EL Öl in der Pfanne erhitzen und jeweils 3–4 Teigtaschen mit den Falten nach oben in die Pfanne setzen. Anschließend bei mittlerer bis hoher Temperatur 2–3 Minuten von allen Seiten goldbraun anbraten. Dann die Temperatur reduzieren und 5–6 Minuten mit geschlossenem Deckel garen.

Für die Dip-Sauce alle Zutaten gut miteinander verrühren.

Für die Dip-Sauce

2 EL Sojasauce
1 EL Reisessig
1 Schalotte, fein gewürfelt
1 kleine grüne Chilischote, nach Wunsch entkernt und klein geschnitten
1 TL brauner Zucker

Zum Anrichten

etwas Kimchi
etwas Schnittknoblauch (Nira), klein geschnitten

ANRICHTEN

Die Mandu auf die Teller verteilen und etwas Kimchi dazu anrichten. Mit dem Schnittknoblauch garnieren. Die Dip-Sauce in einem separaten Schälchen dazu servieren.

TIPP

Wer den Teig nicht selber zubereiten möchte, kann kleine, runde Gyoza-Teigblätter aus der Tiefkühltruhe kaufen, auftauen und benutzen. Das ergibt etwa 36–40 kleine Teigtaschen, deren Füllung roh in die Teigtaschen gefüllt werden kann. Sie können dann wie Gyoza (siehe Seite 46) gebraten oder 6–8 Minuten gedämpft werden.
Für vegetarische Mandu einfach den Tofu- und Kimchi-Anteil erhöhen.

SCHARFE TEIGTASCHEN NACH SZECHUAN-ART

VORBEREITUNG: 15 MINUTEN | ZUBEREITUNGSZEIT: 10 MINUTEN | YÜKSÜK ODER ANDERE WAN-TAN-FORM NACH GESCHMACK

FÜR 4–6 PERSONEN

Für die scharfe Sauce nach Szechuan-Art

5–6 Knoblauchzehen, klein gewürfelt
4 TL Zucker
1–2 TL Chiliflocken, nach Geschmack
1 TL Szechuan-Pfeffer, in einer Pfanne trocken geröstet und gemörsert
1 TL Fünf-Gewürze-Pulver
1 TL Instant-Hühner- oder Gemüsebrühe
2–4 EL japanisches Chiliöl (Rayu oder La-yu), nach Geschmack
4 EL Erdnussöl
4–5 EL Sojasauce
2 EL Reisessig
8–10 EL heißes Wasser

Für die Teigtaschen

etwa 48 Wan-Tan-Teigtaschen (siehe Rezept »Knusprig frittierte Wan Tan« Seite 54) oder »Wan-Tan-Suppe« (siehe Seite 32)

Zum Anrichten

Frühlingszwiebeln, mit dem Grün in feine Ringe geschnitten
etwas japanisches Chiliöl (Rayu oder La-yu), nach Geschmack

ZUBEREITUNG

Für die scharfe Sauce den Knoblauch, den Zucker, die Chiliflocken, den Szechuan-Pfeffer, das Fünf-Gewürze-Pulver und die Instant-Brühe in einer mittelgroßen Schüssel mischen. Das Chiliöl und das Erdnussöl in einem kleinen Stieltopf erhitzen und die gesamte Menge sofort auf die Gewürzmischung in der Schüssel gießen, so dass es brutzelt. Die Sojasauce, den Reisessig und das Wasser mit einem Rührbesen unterrühren und die Sauce dann beiseitestellen, während die Teigtaschen garen.

Ausreichend Wasser in einem weiteren Topf zum Kochen bringen. Die Teigtaschen vorsichtig hineingleiten lassen und erneut erhitzen, bis das Wasser nahezu kocht. Etwa 4–5 Minuten im Wasser leicht simmern lassen, bis die Teigtaschen gar sind und nach oben steigen. Mit einem Schaumlöffel entnehmen und gut abtropfen lassen.

ANRICHTEN

Die Teigtaschen auf tiefe Teller verteilen und die Sauce darüber verteilen. Mit Frühlingszwiebeln garnieren und nach Wunsch noch etwas japanisches Chiliöl darüberträufeln.

TIPP

Um das besondere Aroma von Szechuan-Pfeffer zu entfalten, sollte er in einer trockenen Pfanne für etwa 3 Minuten geröstet werden, bis er duftet. Anschließend kann er im Mörser zerstoßen werden. Um Fünf-Gewürze-Pulver herzustellen, 1 EL Szechuan-Pfeffer, ½ EL Fenchelsamen und 2 Sternanis in einer trockenen Pfanne bei mittlerer Temperatur für etwa 3 Minuten rösten. Anschließend alles mit ½ EL gemahlenem Zimt sowie ½ TL gemahlenen Nelken fein mörsern. Die Gewürzmischung könnt ihr in einem luftdichten Behälter bis zu 6 Monate aufbewahren. Die Schärfe im Gericht könnt ihr nach Geschmack variieren.

FRISCHKÄSE-TEIGTASCHEN MIT WALNUSS-ZATAR-BRÖSELN UND PASTIRMA

Lorlu pörüşke

VORBEREITUNG: 1 STUNDE | ZUBEREITUNGSZEIT: 15 MINUTEN | HALBMONDE

FÜR 4–6 PERSONEN

Für den Teig

320 g Weizenmehl Type 405 plus etwas mehr für die Teigbearbeitung
1 Ei
etwa 120 ml kaltes Wasser
1 TL Salz

Für die Käsefüllung

300 g Ziegenfrischkäse
feiner Abrieb von ½ unbehandelten Zitrone
50 g geröstete Pinienkerne
1 Eigelb
5–6 getrocknete Bergfeigen, sehr klein gewürfelt
1–2 Stängel frisches Basilikum mit zarten Stängeln, klein geschnitten
Meersalz
frisch gemahlener schwarzer Pfeffer

Für die Walnuss-Zatar-Brösel

3 EL Butter
1 Knoblauchzehe, klein gewürfelt
20 g trockenes Fladenbrot, in der Küchenmaschine zerkleinert
40 g Walnusskerne, grob gehackt
2 TL Zatar-Gewürzmischung
Meersalz
frisch gemahlener schwarzer Pfeffer

ZUBEREITUNG

Für den Teig alle Zutaten vermengen und mit beiden Händen mindestens 10 Minuten zu einem glatten, geschmeidigen Teig kneten. Den Teig in Frischhaltefolie einschlagen und mindestens 30–60 Minuten (besser 3–4 Stunden) an einem kühlen Ort ruhen lassen.

Für die Füllung ebenfalls alle Zutaten in einer Schüssel vermengen und mit Salz und Pfeffer abschmecken.

Den Teig auf einer bemehlten Arbeitsfläche dünn ausrollen. Etwa 6–8 cm große Kreise ausstechen und je 1 TL der Füllung mittig platzieren. Den Teig über die Füllung falten und mit den Fingerspitzen festdrücken.

Für die Walnuss-Zatar-Brösel die Butter in einer Pfanne zerlassen. Den Knoblauch, das Fladenbrot und die Walnüsse einige Minuten goldgelb rösten. Mit Zatar, Salz und Pfeffer abschmecken und beiseitestellen.

Für die Pastirmascheiben diese nebeneinander in eine beschichtete Pfanne ohne Fettzugabe legen. Bei mittlerer Temperatur wenige Minuten anbraten, bis sie schön kross sind. Je weniger Fett in den Scheiben ist, desto schneller geht das. Anschließend auf einem Küchenpapier abtropfen lassen.

Ausreichend gesalzenes Wasser in einem großen Topf zum Kochen bringen. Die Teigtaschen vorsichtig hineingleiten lassen und erneut erhitzen, bis das Wasser nahezu kocht. Etwa 4–6 Minuten im Wasser leicht simmern lassen, bis die Teigtaschen gar sind und nach oben steigen. Teigtaschen mit einem Schaumlöffel entnehmen und gut abtropfen lassen.

Für das Pastirma

4 Scheiben Pastirma (gewürztes Rinderdörrfleisch), hauchdünn geschnitten

Zum Anrichten

etwas Ziegenfrischkäse, glattgerührt
1 Stängel frisches Basilikum, mit zarten Stängeln klein geschnitten

ANRICHTEN

Die Teigtaschen auf die Teller verteilen und die Walnuss-Zatar-Brösel sowie die Pastirmascheiben darauf anrichten. Mit etwas Frischkäse und Basilikum garnieren.

TIPP

Die Walnuss-Zatar-Brösel und die knusprigen Pastirmascheiben passen auch hervorragend zu anderen Teigtaschen – probiert es ruhig aus!

KNUSPRIG FRITTIERTE WAN TAN

VORBEREITUNG: 30 MINUTEN | ZUBEREITUNGSZEIT: 10 MINUTEN | LILIEN

FÜR 6–8 PERSONEN

Für die Füllung mit Hackfleisch und Garnelen

180 g nicht zu mageres Hackfleisch vom Rind oder Schwein
180 g küchenfertige Garnelen, klein geschnitten
1 cm frischer Ingwer, fein gerieben
2 Frühlingszwiebeln mit Grün, sehr klein geschnitten
1½ EL Shaoxing-Reiswein
1 EL Sojasauce
1½ EL geröstetes Sesamöl
½ TL Salz
⅓ TL frisch gemahlener weißer Pfeffer
etwa 48 fertige quadratische Wan-Tan-Teigblätter (TK, ohne Ei), aufgetaut
ausreichend Sonnenblumenöl zum Frittieren

Zum Anrichten

Schnittlauch- oder Frühlingszwiebel, klein geschnitten
Dip-Saucen nach Wahl

ZUBEREITUNG

Für die Füllung alle Zutaten gut umrühren, bis eine homogene, klebrige Masse entsteht.

Die Teigblätter nacheinander auf der Arbeitsfläche auslegen und jeweils 1–1½ TL Füllung mittig darauf platzieren. Die Ränder mit etwas Wasser (oder Eiweiß) befeuchten. Dann die Teigränder diagonal leicht seitlich verschoben über die Füllung falten, sodass die oberen Ecken leicht verschoben nebeneinander liegen. Die seitlichen Spitzen befeuchten und auch nach oben falten, sodass vier Spitzen entstehen. Leicht festdrücken und mit der Füllung nach unten aufsetzen.

In einem kleinen Topf das Sonnenblumenöl etwa 5 cm hoch einfüllen und erhitzen. Mit dem Stiel eines Holzlöffels prüfen, ob Bläschen aufsteigen und das Öl somit heiß genug ist. Die Teigtaschen portionsweise frittieren, bis sie von allen Seiten goldbraun und knusprig sind. (Dabei immer nur wenige Teigtaschen in den Topf geben, damit das Öl nicht abkühlt.) Während des Frittierens ab und zu rühren, damit die Wan Tan gleichmäßig bräunen und nicht zusammenkleben. Die frittierten Wan Tan mit einem Schaumlöffel herausheben, abtropfen lassen und auf Küchenkrepp setzen.

ANRICHTEN

Die frittierten Wan Tan auf den Tellern anrichten und mit Schnittlauch garnieren. Verschiedene Dip-Saucen in separaten Schälchen dazu servieren (siehe Tipp unten).

TIPP

Wan Tan können frittiert, gedämpft oder in Brühe gekocht (siehe Seite 54 und Seite 32) werden.
Als Dip-Saucen eignen sich »Japanische Spicy Mayo« (siehe Seite 146), »Scharfe geröstete Tomatensauce« (siehe Seite 148), »Dip-Sauce mit Fischsauce« (siehe Seite 145), »Leichtes Zitronen-Minz-Öl mit Knoblauch« (siehe Seite 147) oder einfach Sojasauce mit Reisessig und Chiliöl (siehe »Gemüse-Gyoza« Seite 98).

FRITTIERTE TEIGTASCHEN MIT HACKFLEISCH

Çi börek

VORBEREITUNG: 1 STUNDE | ZUBEREITUNGSZEIT: 20 MINUTEN | GROSSE HALBMONDE

FÜR 4 PERSONEN

Für den Teig
320 g Weizenmehl Type 405 plus etwas mehr für die Teigbearbeitung
2 EL Naturjoghurt (3,5 % Fettgehalt)
etwa 125 ml kaltes Wasser
1 TL Salz
Sonnenblumenöl

Für die Hackfleischfüllung
300 g nicht zu mageres Hackfleisch vom Rindfleisch
2 Zwiebeln, gerieben oder in einem Standmixer zerkleinert
½ TL Salz
1 TL frisch gemahlener schwarzer Pfeffer oder Szechuan-Pfeffer
etwa 120 ml Wasser

Zum Anrichten
Ayran (Joghurtgetränk)

TIPP

Am besten bereitet ihr die Teigtaschen zu zweit zu. Während einer den Teig ausrollt und füllt, kann der andere frittieren.
Die Füllung kann auch mit Kartoffeln (siehe Rezept »Hingel mit Kartoffelfüllung« Seite 102) oder mit Spinat (siehe Rezept »Krosse Mantı auf frisch-fruchtigem Salat« Seite 130) zubereitet werden.

ZUBEREITUNG

Für den Teig alle Zutaten vermengen und mit beiden Händen mindestens 10 Minuten zu einem glatten, geschmeidigen Teig kneten. Den Teig in Frischhaltefolie einschlagen und mindestens 30–60 Minuten (besser 3–4 Stunden) an einem kühlen Ort ruhen lassen.

Für die Füllung das Hackfleisch mit den restlichen Zutaten vermischen. Das im Hackfleisch enthaltene Wasser wird während des Frittierens heiß, gart die Füllung von innen und macht sie schön saftig.

Den Teig erneut kneten, länglich ausrollen und in etwa 12 Teigstücke schneiden. Aus den Teigstücken kleine, runde Bällchen formen und zum Schutz vor Austrocknung abdecken. Die Teiglinge nacheinander auf einer bemehlten Arbeitsfläche dünn, etwa 21 cm groß, ausrollen. Jeweils 1–1½ EL Füllung dünn auf einer Hälfte verteilen, die andere Hälfte des Teigs über die Füllung klappen und den Rand mit einer Gabel festdrücken. Alternativ festdrücken und mit einem gezackten Teigrädchen schneiden.

In einer tiefen Pfanne Sonnenblumenöl etwa 2–3 cm hoch einfüllen und erhitzen. Mit dem Stiel eines Holzlöffels prüfen, ob Bläschen aufsteigen und das Öl somit heiß genug ist. Die Teigstücke müssen im Öl schwimmen, um die typischen Bläschen an der Oberfläche zu bekommen. Maximal zwei gefüllte Teigstücke gleichzeitig in das heiße Fett gleiten lassen. Mit einem Holzlöffel immer wieder das heiße Fett auf die Teigstücke schöpfen, damit sich die typischen Bläschen bilden können. Nach etwa 2 Minuten wenden. Sobald sie gleichmäßig goldbraun und knusprig sind, mit einem Schaumlöffel herausheben und auf Küchenkrepp abtropfen lassen.

ANRICHTEN

Die Teigtaschen heiß mit einem Glas Ayran servieren. Vorsicht beim Essen, das im Hackfleisch enthaltene Wasser tropft heraus.

TÜRKISCHE TEIGTASCHEN

Kayseri mantısı

VORBEREITUNG: 1 STUNDE | ZUBEREITUNGSZEIT: 30 MINUTEN | PYRAMIDEN

FÜR 4–6 PERSONEN

Für den Teig

320 g Weizenmehl Type 405 plus etwas mehr für die Teigbearbeitung
1 Ei
etwa 120 ml kaltes Wasser
1 TL Salz

Für die Hackfleischfüllung

250 g Hackfleisch vom Rind
2 Zwiebeln, sehr klein gewürfelt oder gerieben
2–3 Stängel glatte Petersilie, klein geschnitten
½ TL gemahlener Kreuzkümmel (Cumin)
½ TL edelsüßes Paprikapulver
½ TL getrocknete Nane-Minze
½ TL Salz
½ TL frisch gemahlener schwarzer Pfeffer

Für die Joghurtsauce

2 Knoblauchzehen, mit etwas Salz im Mörser zerstoßen
400 g Naturjoghurt (3,5 % Fettgehalt)

Für die Chilibutter

100 g Butter
1 TL Salça (Tomaten- und/ oder Paprikamark), mild oder scharf
1 TL edelsüßes Paprikapulver

Zum Anrichten

getrocknete Nane-Minze
Pul Biber (Chiliflocken)
gemahlener Sumach (Sumak)
einige Blätter frische Minze oder glatte Petersilie

ZUBEREITUNG

Für den Teig alle Zutaten vermengen und mit beiden Händen mindestens 10 Minuten zu einem glatten, geschmeidigen Teig kneten. Diesen in Frischhaltefolie einschlagen und mindestens 60 Minuten (besser 3–4 Stunden) an einem kühlen Ort ruhen lassen.

Für die Füllung alle Zutaten in einer Schüssel vermengen.

Den Teig auf einer bemehlten Arbeitsfläche dünn ausrollen und in 3–4 cm große Quadrate schneiden. ¼ TL Füllung mittig platzieren und die Ecken des Teigs vorsichtig wie eine Pyramide hochziehen und über die Füllung schließen.

Ausreichend gesalzenes Wasser in einem großen Topf zum Kochen bringen. Die Teigtaschen vorsichtig hineingleiten lassen und erneut erhitzen, bis das Wasser nahezu kocht. Das Wasser etwa 4–6 Minuten leicht simmern lassen, bis die Mantı gar sind und nach oben steigen. Die Teigtaschen mit einem Schaumlöffel entnehmen und gut abtropfen lassen.

Für die Joghurtsauce den Knoblauch und den Joghurt glattrühren und beiseitestellen. Vor dem Servieren leicht erwärmen.

Für die ChilibButter die Butter in einer Pfanne zerlassen. Dann das Salça zugeben und 1–2 Minuten glattrühren. Anschließend mit dem Paprikapulver würzen und vom Herd nehmen.

ANRICHTEN

Etwas Joghurtsauce auf den Tellern verteilen und die Teigtaschen darauf anrichten. Erneut etwas Joghurtsauce und die Chilibutter darübergeben. Auf Wunsch mit Nane-Minze, Chiliflocken, Sumach und frischer Minze garnieren und sofort servieren.

TIPP

Salça besteht aus Paprika- und/oder Tomatenmark und Gewürzen. Es ist erhältlich als reines Tomatenmark (domates salçası), reines Paprikamark (biber salçası) oder eine Mischung beider (karışık salça), in den Varianten mild (tatlı) oder scharf (acı).

LIBANESISCHE TEIGTASCHEN IN CREMIGER JOGHURTSAUCE

Shish barak

VORBEREITUNG: 1 STUNDE | ZUBEREITUNGSZEIT: 35 MINUTEN | TORTELLINI ODER ANDERE FORM

FÜR 4–6 PERSONEN

Für den Teig

300 g Weizenmehl Type 405 plus etwas mehr für die Teigbearbeitung
etwa 110 ml kaltes Wasser
1½ EL Olivenöl
etwa ¾ TL Salz

Für die Füllung

3 EL Olivenöl
2 Zwiebeln, abgezogen und klein gewürfelt
300 g Hackfleisch vom Rind
40 g Pinienkerne
¼ TL gemahlener Zimt (oder ½ TL Baharat-Gewürzmischung)
etwas Meersalz
frisch gemahlener schwarzer Pfeffer

Für die Joghurtsauce

1½ EL Speisestärke
500 g Naturjoghurt (3,5 % Fettgehalt)
Salz
frisch gemahlener schwarzer Pfeffer
½ TL gemahlener Zimt
1 Knoblauchzehe, gepresst
1 TL getrocknete Nane-Minze

Zum Anrichten

geröstete Pinienkerne
frische Minze oder Koriander

ZUBEREITUNG

Für den Teig alle Zutaten vermengen und mit beiden Händen mindestens 10 Minuten zu einem glatten, geschmeidigen Teig kneten. Den Teig in Frischhaltefolie einschlagen und mindestens 30–60 Minuten (besser 3–4 Stunden) an einem kühlen Ort ruhen lassen.

Für die Füllung das Olivenöl in einer Pfanne leicht erhitzen und die Zwiebeln darin langsam glasig dünsten. Dann die Temperatur erhöhen, das Hackfleisch zugeben und anbraten, bis die Flüssigkeit verdunstet ist. Anschließend die Pinienkerne und die Gewürze untermischen und einige Minuten mit anbraten. Die Füllung zum Abkühlen beiseitestellen.

Den Teig auf einer bemehlten Arbeitsfläche dünn ausrollen. Je nach gewünschter Form 5–6 cm große Kreise ausstechen und jeweils 1–1½ TL der Füllung mittig platzieren. Das runde Teigblatt über die Füllung zu einem Halbmond schließen, die beiden »Spitzen« zusammenführen und festdrücken.

Für die Joghurtsauce 400 ml Wasser mit der Speisestärke verrühren und zusammen mit dem Joghurt in einen Topf geben. Das Ganze erhitzen, bis die Mischung nahezu kocht. Dann die Temperatur reduzieren und die Sauce einige Minuten knapp unter dem Siedepunkt simmern lassen, bis sie leicht eindickt. Zwischendurch mit Salz, Pfeffer sowie Zimt würzen und immer wieder rühren, damit der Joghurt nicht gerinnt.

Die Teigtaschen vorsichtig unter die Sauce heben und etwa 15–18 Minuten darin ziehen lassen. Zwischendurch immer wieder behutsam rühren. Den Knoblauch sowie die Nane-Minze untermischen und mit Salz sowie Pfeffer abschmecken.

ANRICHTEN

Die Teigtaschen mit der Joghurtsauce auf tiefe Teller verteilen und die Pinienkerne darüberstreuen. Mit der Minze garnieren.

AFGHANISCHE TEIGTASCHEN MIT HACKFLEISCH UND CHANA-DAL-TOPPING

Afghani mantu

VORBEREITUNG: 1 STUNDE | ZUBEREITUNGSZEIT: 1 STUNDE | KLEEBLÄTTER ODER PYRAMIDEN

FÜR 4 PERSONEN

Für den Teig

200 g Weizenmehl Type 405 plus etwas mehr für die Teigbearbeitung
100 ml kaltes Wasser
1 EL Olivenöl
½ TL Salz
etwas Olivenöl zum Einfetten des Dampfgarers

Für das Chana-Dal-Topping

4–5 EL Olivenöl
1 Zwiebel, klein gewürfelt
1½ cm frischer Ingwer, fein gerieben
1 TL Kurkumapulver
1½ EL Tomatenmark
½ TL Salz
300 g geschälte, gespaltene Kichererbsen (Chana Dal, alternativ gelbe Schälerbsen), über Nacht eingeweicht, gewaschen und abgetropft
230 ml kochend heißes Wasser

ZUBEREITUNG

Für den Teig alle Zutaten vermengen und mit beiden Händen mindestens 10 Minuten zu einem glatten, geschmeidigen Teig kneten. Den Teig in Frischhaltefolie einschlagen und mindestens 30–60 Minuten (besser 3–4 Stunden) an einem kühlen Ort ruhen lassen.

Für das Chana-Dal-Topping das Olivenöl in einer Pfanne leicht erhitzen und die Zwiebeln darin langsam glasig dünsten. Nach und nach den Ingwer, das Kurkumapulver, das Tomatenmark sowie das Salz unterrühren und leicht anbraten. Die Kichererbsen in die Pfanne geben und mit dem Wasser übergießen. Mit geschlossenem Deckel 35–40 Minuten köcheln lassen, bis die Kichererbsen weich sind.

Für die Füllung das Olivenöl in einer Pfanne leicht erhitzen und die Zwiebeln darin langsam glasig dünsten. Die Temperatur erhöhen, das Hackfleisch zugeben und anbraten, bis die Flüssigkeit verdunstet ist. Alle Gewürze hinzufügen und einige Minuten mitbraten. Die Pfanne vom Herd nehmen und die Chilischoten sowie die frischen Kräuter unterheben.

Für die Joghurtsauce den Joghurt mit dem Knoblauch glattrühren und beiseitestellen.

Den Teig auf einer bemehlten Arbeitsfläche dünn ausrollen. Je nach gewünschter Form 8–10 cm große Quadrate schneiden. 1½ TL Füllung mittig platzieren und die gegenüberliegenden Ecken vom Teig über die Füllung halten und in der Mitte festdrücken, sodass die eine Kleeblattform zu erkennen ist. Die Seiten bleiben noch leicht offen.

Für die Hackfleischfüllung
2–3 EL Olivenöl
3 Zwiebeln, klein gewürfelt
300 g Hackfleisch vom Rind
1½ cm frischer Ingwer, fein gerieben
1–2 Knoblauchzehen, gepresst
1 TL edelsüßes oder rosenscharfes Paprikapulver
1 TL gemahlener Koriander
1 TL Garam-Masala-Gewürzmischung
½ TL Salz
1 TL frisch gemahlener schwarzer Pfeffer
2 grüne Chilischote, nach Wunsch entkernt, sehr klein gewürfelt
5 Stängel frische Nane-Minze, Blätter gezupft und klein gehackt
3–4 Stängel frischer Koriander oder glatte Petersilie, klein geschnitten

Für die Joghurtsauce
250 g Joghurt
1 Knoblauchzehe, mit etwas Salz im Mörser zerstoßen

Zum Anrichten
2 Stängel frischer Koriander oder glatte Petersilie, grob gezupft

Den Dampfgareinsatz mit Olivenöl einfetten und die Teigtaschen mit erin wenig Abstand zueinander darauf platzieren. Den Topf mit etwas Wasser füllen, den Einsatz einsetzen, einmal aufkochen und den Deckel schließen. Die Teigtaschen etwa 8–10 Minuten garen, bis die Füllung gar ist oder die Teigtaschen leicht durchsichtig scheinen.

ANRICHTEN

Etwas Joghurtsauce auf die Teller geben. Die Teigtaschen sowie etwas Chana-Dal-Topping darauf anrichten und weitere Joghurtsauce darüberträufeln. Nach Wunsch mit frischem Koriander oder glatter Petersilie garnieren.

TEIGTASCHEN NACH SINOP-ART MIT HASELNÜSSEN

Sinop mantısı

VORBEREITUNG: 1 STUNDE | ZUBEREITUNGSZEIT: 30 MINUTEN | DREIECKE

FÜR 4 PERSONEN

Für den Teig

320 g Weizenmehl Type 405 plus etwas mehr für die Teigbearbeitung
1 Ei
etwa 120 ml kaltes Wasser
1 TL Salz

Für die Hackfleischfüllung

400 g Hackfleisch vom Rind
3–4 Zwiebeln, sehr klein gewürfelt oder gerieben
4–5 Stängel Petersilie, klein geschnitten
½ TL Salz
½ TL frisch gemahlener schwarzer Pfeffer
½ TL gemahlener Kreuzkümmel (Cumin)
½ TL edelsüßes Paprikapulver
½ TL getrocknete Nane-Minze

Für die Joghurtsauce

1 Knoblauchzehe, mit etwas Salz im Mörser zerstoßen
400 g Naturjoghurt (3,5 % Fettgehalt)

Für die Chilibutter

100 g Butter
1 TL Salça (Tomaten- und/ oder Paprikamark), mild oder scharf
1 TL edelsüßes Paprikapulver

ZUBEREITUNG

Für den Teig alle Zutaten vermengen und mit beiden Händen mindestens 10 Minuten zu einem glatten, geschmeidigen Teig kneten. Den Teig in Frischhaltefolie einschlagen und mindestens 30–60 Minuten (besser 3–4 Stunden) an einem kühlen Ort ruhen lassen.

Für die Füllung alle Zutaten in einer Schüssel gut vermengen.

Den Teig auf einer bemehlten Arbeitsfläche dünn ausrollen. Etwa 4–5 cm große Quadrate schneiden und ½ TL Füllung mittig platzieren. Zum Verschließen eine Ecke diagonal über die Füllung klappen, schließen und festdrücken.

Für die Joghurtsauce den Joghurt mit dem Knoblauch glattrühren und beiseitestellen. Vor dem Servieren nach Wunsch die Joghurtsauce leicht erwärmen.

Für die Chilibutter die Butter in einer Pfanne zerlassen. Erst das Salça 1–2 Minuten glattrühren, dann das Paprikapulver darin schwenken und vom Herd nehmen.

Ausreichend gesalzenes Wasser in einem großen Topf zum Kochen bringen. Die Teigtaschen vorsichtig hineingleiten lassen und erneut erhitzen, bis das Wasser nahezu kocht. Etwa 4–5 Minuten Wasser leicht simmern lassen, bis die Mantı gar sind und nach oben steigen. Dann mit einem Schaumlöffel aus dem Wasser heben und gut abtropfen lassen.

ANRICHTEN

Die Teigtaschen auf die Teller verteilen. Über einer Hälfte die Joghurtsauce und über der anderen Hälfte die Haselnusskerne anrichten. Die Chilibutter darüberträufeln, mit den Chiliflocken und der Petersilie garnieren.

Zum Anrichten
150 g geschälte, türkische Haselnusskerne (alternativ Walnusskerne), geröstet und grob gehackt
Pul Biber (Chiliflocken)
glatte Petersilie, klein geschnitten

FRITTIERTE, KNUSPRIGE HEFETEIGTASCHEN

Yağ mantısı

VORBEREITUNG: 1 STUNDE | ZUBEREITUNGSZEIT: 10 MINUTEN | KLEEBLÄTTER

FÜR 4 PERSONEN

Für den Hefeteig

150 ml lauwarmes Wasser
4 g Trockenhefe
oder etwa 12 g Frischhefe
1 Ei (Größe S)
2 EL Olivenöl
2 EL Naturjoghurt
(3,5 % Fettgehalt)
etwa 430 g Weizenmehl Type
405 plus etwas mehr für die
Teigbearbeitung
½ TL Salz
Sonnenblumenöl zum Frittieren

Für die Hackfleischfüllung

300 g Hackfleisch vom Rind
2 Zwiebeln, fein gerieben
1 TL edelsüßes Paprikapulver
1 TL Salz
1 TL frisch gemahlener schwarzer
Pfeffer

Für die Tomatensauce

1 EL Butter
2 EL mildes Salça (Tomaten- und/
oder Paprikamark)
½ TL türkische Oregano-Thymian-
Mischung (Kekik)
½ TL Salz
½ TL frisch gemahlener schwarzer
Pfeffer
120 ml warmes Wasser

Für die Joghurtsauce

1 kleine Knoblauchzehe, mit etwas
Salz im Mörser zerstoßen
200 g Naturjoghurt
(3,5 % Fettgehalt)

ZUBEREITUNG

Für den Teig das Wasser und die Hefe vermischen und 5–10 Minuten ruhen lassen. Dann alle weiteren flüssigen Zutaten zugeben und gut verrühren. Anschließend das Mehl und das Salz untermischen und alles zu einem weichen, geschmeidigen Teig kneten. Den Teig in eine Schüssel geben und mit Frischhaltefolie abgedeckt mindestens 45–60 Minuten an einem warmen Ort ruhen lassen.

Für die Füllung alle Zutaten in einer Schüssel vermengen.

Den Teig auf einer bemehlten Arbeitsfläche dünn ausrollen. Für die Kleeblattform 3–4 cm große Quadrate schneiden. ½ TL Füllung mittig platzieren, die gegenüberliegenden Kanten in der Mitte über der Füllung schließen und festdrücken.

Für die Tomatensauce die Butter in einem kleinen Stieltopf zerlassen, das Salça zugeben und mit einem Schneebesen 2–3 Minuten rühren. Dann die Gewürze und das Wasser untermischen und die Sauce 5–8 Minuten leicht köcheln lassen.

Für die Joghurtsauce den Knoblauch und den Joghurt glattrühren und beiseitestellen. Auf Wunsch die Joghurtsauce leicht erwärmen, damit die Teigtaschen beim Servieren nicht so schnell kalt werden.

Ausreichend Sonnenblumenöl in einem kleinen Topf erhitzen. Mit dem Stiel eines Holzlöffels prüfen, ob Bläschen aufsteigen und das Öl somit heiß genug ist. Immer eine kleine Anzahl Teigtaschen vorsichtig hineingleiten lassen und frittieren, bis sie Farbe bekommen. Die Teigtaschen mit einem Schaumlöffel entnehmen und sofort auf Küchenpapier abtropfen lassen. Im Idealfall dauert es nicht sehr lange, bis alle fertig sind.

ANRICHTEN

Die Teigtaschen auf die Teller verteilen. Die beiden Saucen in zwei Schalen separat anrichten oder über die Teigtaschen geben.

Zum Anrichten

getrocknete Nane-Minze oder glatte Petersilie, klein geschnitten

TIPP

Die Füllung und die Saucen können nach Herzenslust ausgetauscht werden.

BOSNISCHE BLÄTTERTEIG-TASCHEN MIT HACKFLEISCH

Boşnak mantısı

VORBEREITUNG: 1 STUNDE | ZUBEREITUNGSZEIT: 45 MINUTEN | BÄLLCHEN

FÜR 4 PERSONEN

Für den Teig

300 g Weizenmehl Type 405 plus etwas mehr für die Teigbearbeitung
150 ml kaltes Wasser
1½ EL Olivenöl
¾ TL Salz

Für die Butter-Öl-Mischung

100 g Butter
50 ml Sonnenblumenöl

Für die Hackfleischfüllung

300 g nicht zu mageres Hackfleisch vom Rind, nur einmal gewolft
1 Zwiebel, sehr klein gewürfelt oder gerieben
1 TL Salz
½ TL frisch gemahlener schwarzer Pfeffer

Für die Joghurtsauce

2 Knoblauchzehen, mit etwas Salz im Mörser zerstoßen
400 g Naturjoghurt (3,5 % Fettgehalt)

Für die Chilibutter

50 g Butter
1 TL Pul Biber (Chiliflocken)

Zum Anrichten

1–2 Prisen Pul Biber (Chiliflocken)

ZUBEREITUNG

Für den Teig alle Zutaten vermengen und mit beiden Händen mindestens 10 Minuten zu einem glatten, geschmeidigen Teig kneten und 6 Teiglinge daraus formen. Diese in Frischhaltefolie einschlagen und mindestens 30 Minuten ruhen lassen.

Für die Butter-Öl-Mischung die Butter in einer Pfanne zerlassen und das Sonnenblumenöl einrühren.

Mit einem Teigroller aus den Teiglingen etwa 16 cm große, runde und flache Teigfladen formen. Alle Teigfladen abwechselnd mit 2 EL Butter-Öl-Mischung auf einen Teller stapeln, mit Frischhaltefolie bedeckt erneut mindestens 20 Minuten ruhen lassen.

Für die Füllung alle Zutaten in einer großen Schüssel vermengen und kaltstellen.

Den Teigstapel auf der Arbeitsfläche zuerst mit dem Nudelholz ausrollen, später vorsichtig mit den Händen ziehen, bis der Teig gleichmäßig und hauchdünn wie Papier ist. Etwas Füllung in einer Linie auf den Teig geben, 5–6-mal einrollen und entlang der Füllung abschneiden. Die so entstandenen langen Rollen in je 5–7 cm kurze Stücke schneiden. Die Kanten der Stücke zum Verschließen nach unten schlagen und die Teigtaschen dicht in eine mit der Butter-Öl-Mischung ausgepinselte runde, ofenfeste Form (Ø 26–28 cm) setzen. Die restliche Butter-Öl-Mischung auf die Teigtaschen pinseln.

Im auf 180 °C vorgeheizten Backofen (Ober-/Unterhitze) etwa 45 Minuten goldbraun backen. Aus dem Ofen nehmen und 5–10 Minuten unter einem feuchten Geschirrtuch ruhen lassen.

Für die Joghurtsauce den Knoblauch und den Joghurt glattrühren und beiseitestellen.

Für die Chilibutter die Butter in einer Pfanne zerlassen. Dann die Chiliflocken darin schwenken und vom Herd nehmen.

ANRICHTEN

Die Blätterteigtaschen auf die Teller verteilen und mit etwas Joghurtsauce und Chilibutter warm servieren.

ROSENTEIGTASCHEN AUS DEM OFEN

Fırında gül mantısı

VORBEREITUNG: 1 STUNDE | ZUBEREITUNGSZEIT: 45 MINUTEN | ROSEN

FÜR 4 PERSONEN

Für den Teig

320 g Weizenmehl Type 405 plus etwas mehr für die Teigbearbeitung
1 Ei
etwa 120 ml kaltes Wasser
1 TL Salz

Für die Füllung

300 g Hackfleisch vom Rind
2 Zwiebeln, gerieben oder in einem Standmixer zerkleinert
2–3 EL Korinthen, in etwas Wasser eingeweicht und abgegossen
40 g geröstete Pinienkerne
1 TL Baharat-Gewürzmischung
Meersalz
frisch gemahlener schwarzer Pfeffer

Für die Tomatensauce

2–3 EL natives Olivenöl extra
1 TL mildes Salça (mildes Tomatenmark)
300 g passierte Tomaten (Konserve)
5–6 EL Wasser
1 Prise Zucker
Meersalz
frisch gemahlener schwarzer Pfeffer

Für den Zitronenjoghurt

250 g Süzme-Joghurt (stichfester Joghurt mit 10 % Fettgehalt)
feiner Abrieb von 1 unbehandelten Zitrone

ZUBEREITUNG

Für den Teig alle Zutaten vermengen und mit beiden Händen mindestens 10 Minuten zu einem glatten, geschmeidigen Teig kneten. Den Teig in Frischhaltefolie einschlagen und mindestens 30–60 Minuten (besser 3–4 Stunden) an einem kühlen Ort ruhen lassen.

Für die Füllung ebenfalls alle Zutaten in einer Schüssel vermengen.

Für die Tomatensauce alle Zutaten verrühren und abschmecken.

Den Teig auf einer bemehlten Arbeitsfläche dünn ausrollen. Für die Rosenform 5 cm große Kreise ausstechen. Jeweils 3–4 Kreise leicht überlappend nebeneinander legen und etwas festdrücken. Etwa 2–3 TL Füllung mittig in einer Reihe anordnen. Die untere Seite der Kreise über die Füllung klappen und von einer Seite ausgehend vorsichtig zu einer Rose aufrollen. Etwas zurechtzupfen und aufrecht hinstellen.

Eine ofenfeste Form mit Backpapier auslegen und die Tomatensauce darauf verteilen. Die Teigtaschen mit nur wenig Abstand zueinander in die Form setzen. Vorsichtig mit Backpapier abdecken und im auf 180 °C vorgeheizten Backofen (Ober-/Unterhitze) 15 Minuten backen. Dann das Backpapier entfernen und weitere 10–15 Minuten backen, bis die Rosen leicht Farbe bekommen.

Für den Zitronenjoghurt den Joghurt und den Zitronenabrieb miteinander verrühren.

ANRICHTEN

Den Zitronenjoghurt auf die Teller streichen und die Rosenteigtaschen darauf anrichten. Etwas Tomatensauce um die Teigtaschen gießen und mit Korinthen und frischen Minzblättern garnieren.

Zum Anrichten

1–2 EL Korinthen, in etwas Wasser eingeweicht und abgegossen
einige Blätter frische Minze

TIPP

Die wundervollen Rosen können natürlich auch mit vielen anderen Füllungen oder Saucen zubereitet werden.

GEFÜLLTE TEIGROLLEN MIT ZWIEBELN, GEMÜSE UND HACKFLEISCH

Kirgisische Oromo

VORBEREITUNG: 30 MINUTEN | ZUBEREITUNGSZEIT: 35 MINUTEN | OROMO

FÜR 4–6 PERSONEN

Für den Teig

2 große, runde Yufka-Teigblätter (Frischetheke)
3–4 EL natives Olivenöl extra

Für die Hackfleischfüllung

2 große Zwiebeln, sehr klein gewürfelt
1 TL Salz
150 g Hackfleisch vom Kalb
150 g Hackfleisch vom Lamm
1 Kartoffel, 5–6 mm groß gewürfelt
1 große Karotte, 5–6 mm groß gewürfelt
1 TL frisch gemahlener schwarzer Pfeffer
½ TL gemahlener Kreuzkümmel (Cumin)
1 TL edelsüßes Paprikapulver

Für die Joghurtsauce

2 Knoblauchzehen, mit etwas Salz im Mörser zerstoßen
300 g Naturjoghurt (3,5 % Fettgehalt)

Für die Chilibutter

80 g Butter
½ TL Salça (Tomaten- und/ oder Paprikamark), mild oder scharf
1 TL rosenscharfes Paprikapulver

Zum Anrichten

Schnittlauch oder Dill, klein geschnitten

ZUBEREITUNG

Für die Füllung die Zwiebel und das Salz in einer Schüssel verkneten. Die restlichen Zutaten zugeben und alles vermengen.

Die Teigblätter mit etwas Olivenöl bepinseln. Die Füllung gleichmäßig auf den Teigplatten verteilen und von einer Seite ausgehend aufrollen, sodass man eine Teigrolle erhält.

Einen Dampfgareinsatz mit einem gelochten Backpapier auslegen. Die Teigrolle zu einem Ring formen und vorsichtig in den Einsatz heben. Einen Topf mit Wasser füllen, den Einsatz einsetzen und die Teigrollen etwa 35 Minuten dämpfen, bis die Füllung gar ist.

Für die Joghurtsauce den Knoblauch und den Joghurt glattrühren und beiseitestellen.

Für die Chilibutter die Butter in einer Pfanne zerlassen. Dann das Salça zugeben und 1–2 Minuten glattrühren. Anschließend mit dem Paprikapulver würzen und vom Herd nehmen.

ANRICHTEN

Die Teigrolle in 4–5 cm lange Stücke schneiden und auf den Tellern anrichten. Etwas Joghurtsauce und Chilibutter darübergeben und mit Kräutern garnieren.

TIPP

Für gelochtes Backpapier ein Blatt Backpapier in der Mitte falten, vierteln, achteln und glattstreichen. Die Spitze des gefalteten Backpapiers in die Mitte des Dampfgareinsatzes halten und die überstehenden Reste abschneiden. Mit einem Locher in regelmäßigen Abständen kleine Löcher stanzen und das Backpapier wieder entfalten. Der Begriff »Oromo« kommt vom kirgisischen Wort für »rollen«. Gefüllt werden sie wahlweise und je nach Jahreszeit auch mit Kürbis und Kräutern oder Schnittknoblauch, Zwiebeln und Ei.

KNUSPRIGE BÜNDEL MIT REIS, HÄHNCHEN UND KARAMELLISIERTEN ZWIEBELN

Kandilli mantısı

VORBEREITUNG: 1 STUNDE | ZUBEREITUNGSZEIT: 1 STUNDE | BÜNDEL ODER PYRAMIDEN

FÜR 4 PERSONEN

Für den Teig

320 g Weizenmehl Type 405 plus etwas mehr für die Teigbearbeitung
1 Ei
etwa 120 ml kaltes Wasser
1 TL Salz

Für die Geflügelbrühe

2 Hähnchenschenkel
2 Lorbeerblätter
6–8 schwarze Pfefferkörner
1 Zwiebel, geviertelt
Suppengrün (optional)

Für die Reisfüllung

2 EL Butter
2–3 EL Pinienkerne
1 Zwiebel, klein gewürfelt
160 g türkischer Risottoreis (Tosya, Baldo oder Osmancik)
190 ml Geflügelbrühe (siehe Teilrezept oben)
1 TL Salz
¾–1 TL frisch gemahlener schwarzer Pfeffer
1 TL getrocknete Nane-Minze

ZUBEREITUNG

Für den Teig alle Zutaten vermengen und mit den Händen mindestens 10 Minuten zu einem glatten, geschmeidigen Teig kneten. Diesen in Frischhaltefolie einschlagen und mindestens 30–60 Minuten (besser 3–4 Stunden) kühl ruhen lassen.

Für die Geflügelbrühe alle Zutaten in einen großen Topf (oder in den Schnellkochtopf) geben und mit 1½–2 l kaltem Wasser übergießen. Kurz aufkochen und bei niedriger Temperatur etwa 45 Minuten leicht köcheln lassen. Aufsteigenden Schaum mit einem Schaumlöffel entfernen. Die Hähnchenschenkel aus der Brühe heben und leicht abkühlen lassen. Dann die Haut entfernen, das Fleisch von den Knochen lösen, in gleichmäßig große Stücke zupfen und zum Abkühlen beiseitestellen. Die Brühe durch ein feines Sieb gießen und für den Reis (siehe unten) und zum Garen der Teigtaschen (siehe unten) verwenden.

Für die Reisfüllung die Butter erhitzen. Erst die Pinienkerne, dann die Zwiebeln zugeben. Den gewaschenen und abgetropften Reis hinzufügen und 2–3 Minuten anbraten. Die warme Geflügelbrühe und das Salz unterrühren und kurz aufkochen lassen. Dann einen Deckel auflegen und den Reis bei niedriger Temperatur etwa 15 Minuten köcheln lassen. Die Flüssigkeit sollte dann komplett aufgesaugt und der Reis etwa halbgar sein. Anschließend mit Pfeffer sowie Minze würzen und umrühren. Zum Abkühlen beiseitestellen.

Den Teig auf einer bemehlten Arbeitsfläche dünn ausrollen. Für die typische Form 8–10 cm große Kreise ausstechen. 1½–2 TL Füllung mittig platzieren. Dann den Teigrand von einer Seite mit Zeigefinger und Daumen greifen. Mithilfe der anderen Hand immer eine kleine Falte daneben legen und festdrücken. Wiederholen und die Teigtasche dabei leicht drehen, bis sie vollständig geschlossen ist. Die Falten über der Tasche leicht verdrehen, zusammendrücken und die Spitze mit einer Schere abschneiden.

Für die Fertigstellung
4–5 EL Butter
1 große Zwiebel, halbiert und in feine Halbringe gehobelt
½ TLSalz
frisch gemahlener schwarzer Pfeffer
400–500 ml Geflügelbrühe (siehe Teilrezept Seite 76)

Zum Anrichten
1 Frühlingszwiebel, mit Grün in feine Ringe geschnitten
2–3 Stängel glatte Petersilie

Für die Fertigstellung 2–3 EL Butter zerlassen. Eine tiefe, runde ofenfeste Form damit einpinseln, die Teigtaschen nebeneinander platzieren und mit der Butter bestreichen. Die Teigtaschen im auf 200 °C vorgeheizten Backofen (Ober-/Unterhitze) auf der mittleren Schiene 20–25 Minuten backen, bis sie leicht Farbe annehmen.

Währenddessen die restliche Butter (2 EL) in einer Pfanne erhitzen und die Zwiebeln 10–15 Minuten langsam andünsten, bis sie schön weich sind. Dann die beiseitegestellten Hähnchenstücke zugeben und mit Salz sowie Pfeffer würzen. Die Geflügelbrühe separat erwärmen.

Dann die Form aus dem Ofen nehmen. Die Zwiebeln und die Hähnchenstücke zwischen den Teigbündeln verteilen. Die warme Geflügelbrühe darübergießen, bis die Teigtaschen etwa zu drei Vierteln bedeckt sind. Die Teigtaschen dann auf der unteren Schiene weitere 30 Minuten backen. Vor dem Servieren noch 10–15 Minuten ruhen lassen.

ANRICHTEN

Die Hähnchenstücke mit den Teigtaschen auf tiefen Tellern anrichten und etwas warme Brühe angießen. Mit Frühlingszwiebeln und Petersilie garnieren.

TIPP

Die selbstgekochte Brühe kommt ohne Salz aus, deshalb werden die Füllung und Brühe beim Fertigstellen gesalzen. Falls ihr fertige, gesalzene Brühe verwenden möchtet, solltet ihr die Salzmenge anpassen.

NEPALESISCHE MOMOS MIT LAMM, SZECHUAN-PFEFFER UND GARAM MASALA

Khasi momo

VORBEREITUNG: 1 STUNDE | ZUBEREITUNGSZEIT: 20 MINUTEN | BÜNDEL ODER ANDERE FORM NACH GESCHMACK

FÜR 4 PERSONEN

Für den Teig

360 g Weizenmehl Type 405 plus etwas mehr für die Teigbearbeitung
etwa 260 ml heißes Wasser
1 TL Salz

Für die Füllung

350 g gut durchwachsenes Hackfleisch vom Lamm, einmal gewolft
1 Zwiebel, sehr klein gewürfelt oder gerieben
2 Frühlingszwiebeln, mit dem Grün sehr klein geschnitten
2–3 Stängel Koriander, klein geschnitten
1 mittelscharfe Chilischote, nach Wunsch entkernt, sehr klein geschnitten
1½ cm Stück frischer Ingwer, fein gerieben
1 Knoblauchzehe, mit etwas Salz im Mörser zerstoßen
2 EL Sonnenblumenöl
etwa 80 ml kaltes Wasser (oder selbstgemachte Rinderbrühe)
½ TL gemahlene Koriandersamen
½ TL gemahlener Kreuzkümmel
1⅓ TL Garam Masala
½ TL Szechuan-Pfeffer, in einer Pfanne trocken geröstet und gemörsert
½ TL Salz

ZUBEREITUNG

Für den Teig alle Zutaten vermengen und mit beiden Händen mindestens 10 Minuten zu einem glatten, geschmeidigen Teig kneten. Den Teig in Frischhaltefolie einschlagen und mindestens 30–60 Minuten (besser 3–4 Stunden) an einem kühlen Ort ruhen lassen.

Für die Hackfleischfüllung alle Zutaten gründlich vermengen und mit Salz und Pfeffer abschmecken. Abgedeckt im Kühlschrank mindestens 30 Minuten (besser 3–4 Stunden) ziehen lassen, damit sich die Aromen richtig entfalten können.

Den Teig auf einer bemehlten Arbeitsfläche dünn ausrollen und 9–10 cm große Kreise ausstechen. Je 1½–2 TL Füllung mittig platzieren. Den Teigrand von einer Seite mit Zeigefinger und Daumen greifen. Mithilfe der anderen Hand immer eine kleine Falte daneben legen und festdrücken. Wiederholen und die Teigtasche dabei leicht drehen, bis sie vollständig geschlossen ist. Die Falten über der Tasche leicht verdrehen und zusammendrücken. Die Spitze der Momos mit einer Schere abschneiden.

Den Dampfgareinsatz mit einem gelochten Backpapier auslegen (siehe Tipp: »Gefüllte Teigrollen mit Zwiebeln, Gemüse und Hackfleisch« Seite 74) und die Teigtaschen mit etwas Abstand zueinander darauf platzieren. Den Topf mit etwas Wasser füllen, den Einsatz einsetzen, einmal aufkochen und den Deckel schließen. Die Teigtaschen etwa 8–10 Minuten garen, bis die Füllung gar ist oder die Teigtaschen leicht durchsichtig erscheinen.

ANRICHTEN

Die Teigtaschen auf den Tellern mit der Tomatensauce anrichten und mit Kräutern garnieren.

Zum Anrichten

scharfe geröstete Tomatensauce (siehe Seite 148)

auf Wunsch 1–2 Stängel Koriander oder glatte Petersilie, klein geschnitten

TIPP

Die Füllung kann sehr gut auch einen Tag im Voraus zubereitet und zum Durchziehen gut gekühlt aufbewahrt werden.

KUNG-PAO-TEIGTASCHEN MIT HÄHNCHENFLEISCH UND ERDNÜSSEN

VORBEREITUNG: 1 STUNDE | ZUBEREITUNGSZEIT: 20 MINUTEN | BÜNDEL

FÜR 4 PERSONEN

Für den Teig

320 g Weizenmehl Type 405 plus etwas mehr für die Teigbearbeitung
1 Ei
110 ml kaltes Wasser
1½ EL Olivenöl
1 TL Salz

Für die Füllung

1–2 Knoblauchzehen, klein gewürfelt
1½ cm großes Stück Ingwer, fein gerieben
2 TL Sojasauce
2 TL Shaoxing-Reiswein
1 EL Maisstärke
400 g ausgelöste Hähnchenschenkel (oder Hühnerbrust), in 1 cm große Würfel geschnitten
2–3 EL Sonnenblumenöl
1–3 getrocknete Chilischoten, nach Wunsch entkernt
⅔ TL Szechuan-Pfeffer
2 cm großes Stück Ingwer, in Julienne-Streifen geschnitten
2–3 Knoblauchzehen, in Julienne-Streifen geschnitten
80 g gesalzene, geröstete Erdnusskerne, grob gehackt
1 Frühlingszwiebel, mit Grün klein geschnitten

ZUBEREITUNG

Für den Teig alle Zutaten vermengen und mit beiden Händen mindestens 10 Minuten zu einem glatten, geschmeidigen Teig kneten. Den Teig in Frischhaltefolie einschlagen und mindestens 30–60 Minuten (besser 3–4 Stunden) an einem kühlen Ort ruhen lassen.

Für die Füllung die gewürfelten Knoblauchzehen, den geriebenen Ingwer, die Sojasauce, den Shaoxing-Reiswein sowie die Maisstärke zu einer Marinade verrühren, mit dem Hähnchenfleisch mischen und zum Durchziehen beiseitestellen.

Für die Essigmischung alle Zutaten mit einem Schneebesen verrühren.

Einen Wok (oder eine große Pfanne) stark erhitzen, das Sonnenblumenöl zugeben und schwenken, damit sich das Öl gleichmäßig verteilt. Dann die Chilischoten im Ganzen und den Szechuan-Pfeffer unterrühren. 30 Sekunden später das marinierte Hähnchenfleisch untermischen und etwa 2 Minuten unter gelegentlichem Rühren anbraten. Anschließend die Ingwer- und Knoblauchstreifen sowie die Erdnüsse 1 Minute unter Rühren braten. Die Essigmischung am Rand des Wok mit einer kreisförmigen Bewegung angießen und rühren, bis die Sauce leicht andickt. Zuletzt die Frühlingszwiebeln unterheben, die Füllung vom Herd nehmen und vollständig abkühlen lassen. Nach dem Abkühlen die Chilischoten entfernen und entsorgen.

Den Teig auf einer bemehlten Arbeitsfläche dünn ausrollen und 12–14 cm große Kreise ausstechen. Je 2 TL Füllung mittig platzieren. Den Teigrand von einer Seite mit Zeigefinger und Daumen greifen. Mithilfe der anderen Hand immer eine kleine Falte daneben legen und festdrücken. Wiederholen und die Teigtasche dabei leicht drehen, bis sie vollständig geschlossen ist. Falten über der Tasche leicht verdrehen und zusammendrücken. Die Spitze der Teigtaschen mit einer Schere abschneiden.

Für die Essigmischung
2 TL Sojasauce
2 TL schwarzer Chinkiang-Reisessig
1 TL Zucker
1½ TL Maisstärke

Zum Anrichten
20 g gesalzene, geröstete Erdnusskerne
½ Frühlingszwiebel, mit Grün klein geschnitten

Den Dampfgareinsatz mit einem gelochten Backpapier auslegen (siehe Tipp » Gefüllte Teigrollen mit Zwiebeln, Gemüse und Hackfleisch« Seite 74) und die Teigtaschen mit etwas Abstand zueinander darauf platzieren. Den Topf mit etwas Wasser füllen, den Einsatz einsetzen, einmal aufkochen und den Deckel schließen. Die Teigtaschen etwa 10–12 Minuten garen, bis die Teigtaschen leicht durchsichtig erscheinen.

ANRICHTEN

Die Teigtaschen auf die Teller verteilen und gegebenenfalls übrig gebliebene Füllung und die Erdnusskerne daneben platzieren. Mit Frühlingszwiebeln garnieren.

TIPP

Wenn noch Füllung übrig ist, schmeckt sie am nächsten Tag mit Reis als Beilage auch sehr gut. Dafür einfach etwas Hühnerfond (siehe Seite 144) in die Kung-Pao-Füllung gießen und langsam erhitzen, bis es wieder etwas flüssiger wird.

GEBACKENE TEIGSPIRALEN MIT BBQ-PULLED-CHICKEN À LA ORHAN

Orhan'ın arunya mantısı

VORBEREITUNG: 35 MINUTEN PLUS 12 STUNDEN RUHEZEIT | ZUBEREITUNGSZEIT: 1–1½ STD. | TEIGSPIRALEN

FÜR 4 PERSONEN

Für das BBQ-Pulled-Chicken
100 g BBQ-Sauce
20 g Pekmez (Traubendicksaft) oder brauner Zucker
1 EL Worcestershiresauce
1 EL edelsüßes Paprikapulver
1 EL rosenscharfes Paprikapulver
½ TL Senf
⅔ TL Salz
½ TL frisch gemahlener schwarzer Pfeffer
2 Hähnchenschenkel

Für die Teigspiralen
2 große, runde Yufka-Teigblätter (Frischetheke)
Fett für die Auflaufform

Für die Joghurtsauce
1 kleine Knoblauchzehe, mit etwas Salz im Mörser zerstoßen
200 g Naturjoghurt (3,5 % Fettgehalt)

Zum Anrichten
einige Blätter frischer Thymian
1–2 Prisen Pul Biber (Chiliflocken)

ZUBEREITUNG

Die BBQ-Sauce, das Pekmez, die Worcestershiresauce, das Paprikapulver und den Senf verrühren und mit Salz sowie Pfeffer abschmecken. Die Hähnchenschenkel in eine ofenfeste Auflaufform legen, mit der Marinade vermischen und über Nacht abgedeckt im Kühlschrank ziehen lassen. Die Hähnchenschenkel mit der Marinade im auf 160 °C vorgeheizten Backofen (Ober-/Unterhitze) 1–1½ Stunden garen. Aus dem Ofen nehmen und das Fleisch sofort mit zwei Gabeln auseinanderzupfen, dabei die Knochen und Knorpel entfernen.

Die beiden Teigblätter übereinander auf die Arbeitsfläche legen und mit einem scharfen Messer halbieren. Jede Teighälfte mit etwas Wasser bepinseln, dann von der Schnittkante ausgehend aufrollen. Alle Teigrollen in 1½ cm dicke Stücke schneiden und diese mit der Schnittkante nach oben in einer leicht eingefetteten Auflaufform platzieren. Dabei vom Rand der Auflaufform ausgehend in die Mitte vorarbeiten. Die Teigspiralen im auf 200 °C vorgeheizten Backofen (Ober-/Unterhitze) etwa 25 Minuten knusprig backen.

Für die Joghurtsauce den Knoblauch und den Joghurt glattrühren.

ANRICHTEN

Auf die Teigspiralen mittig etwas Joghurtsauce und darüber das BBQ-Pulled-Chicken verteilen. Mit frischem Thymian und Chiliflocken garniert zügig servieren.

TIPP

Die BBQ-Sauce im Rezept ist Orhans Kreation. Für »Pulled Chicken« eignen sich sowohl Hähnchenschenkel als auch -brust, wobei Letztere etwas trockener wird. Deshalb bevorzugen wir die saftigen Schenkel, die aber leider etwas mehr Arbeit machen, weil Sehnen, Knochen und Knorpel aussortiert werden müssen. Entscheidet einfach ganz nach eurer Vorliebe selbst!

TEIGTASCHEN MIT FLÜSSIGER EI-SUCUK-FÜLLUNG

Yumurtalı haluj

VORBEREITUNG: 1 STUNDE | ZUBEREITUNGSZEIT: 30 MINUTEN | FISCHRÜCKEN ODER ANDERE FORM

FÜR 4 PERSONEN

Für den Teig

320 g Weizenmehl Type 405 plus etwas mehr für die Teigbearbeitung
1 Ei
etwa 120 ml Wasser
1 TL Salz

Für die Füllung

etwa 100 g Sucuk, klein gewürfelt
6 Eier
100 ml Vollmilch
3–4 EL frische Kräuter (z. B. Schnittlauch, glatte Petersilie), sehr klein geschnitten
Meersalz
frisch gemahlener schwarzer Pfeffer

Für die gebräunte Butter

80 g Butter

Zum Anrichten

gebratene Sucuk-Würfel
Schnittlauch oder frische Sprossen

TIPP

Diese tscherkessischen Teigtaschen brauchen wegen der flüssigen Füllung etwas Erfahrung. Wer es schafft, kann auch die Fischgrätenform damit füllen. Es gibt auch eine Version der Füllung ohne Sucuk mit tscherkessischem Frischkäse und geschmorten Zwiebeln.

ZUBEREITUNG

Für den Teig alle Zutaten vermengen und mit beiden Händen mindestens 10 Minuten zu einem glatten, geschmeidigen Teig kneten. Den Teig in Frischhaltefolie einschlagen und mindestens 30–60 Minuten (besser 3–4 Stunden) an einem kühlen Ort ruhen lassen.

Für die Füllung die gewürfelte Sucuk in einer trockenen Pfanne 2–4 Minuten schwenken, bis das Fett austritt. Dann zum Abkühlen beiseitestellen. Anschließend mit den restlichen Zutaten gut verquirlen.

Die Butter in einer Pfanne zerlassen und so lange bei mittlerer bis niedriger Temperatur köcheln lassen, bis der entstehende Schaum sich wieder auf dem Boden absetzt. Die Butter nimmt ganz langsam eine goldbraune Farbe an und bekommt einen feinen, nussigen Geschmack.

Ausreichend gesalzenes Wasser in einem großen Topf zum Kochen bringen und leicht simmern lassen.

Den Teig auf einer bemehlten Arbeitsfläche dünn ausrollen. Für die typische Form 8–10 cm große Kreise ausstechen. Mit Zeigefinger und Daumen die Teigränder so nach oben ziehen, dass ein längliches Schiffchen entsteht. Dann etwas von der flüssigen Füllung hineingießen und verschließen. Die Teigtaschen sofort vorsichtig ins Wasser gleiten lassen. Jeweils nach etwa 3–4 Minuten mit einem Schaumlöffel entnehmen.

ANRICHTEN

Die Teigtaschen sternförmig auf den Tellern anordnen und etwas gebräunte Butter darüberträufeln. Einige gebratene Sucuk-Würfel darüberstreuen und mit Schnittlauch garnieren.

MIT BRÜHE UND HACKFLEISCH GEFÜLLTE TEIGTASCHEN

Xiao long bao

VORBEREITUNG: 1 STUNDE | ZUBEREITUNGSZEIT: 40 MINUTEN | BÜNDEL

FÜR 4–6 PERSONEN

Für den Teig
300 g Weizenmehl Tipo 00 (italienisches Weizenmehl)
¾ TL Salz
etwa 180 ml heißes Wasser
etwas Speisestärke für die Arbeitsfläche

Für die Füllung
300 g nicht zu mageres Hackfleisch (Rind, Geflügel oder Schweine)
4–5 Frühlingszwiebeln, sehr klein geschnitten
1½ cm Ingwer, fein gerieben
2 EL Sojasauce
1–2 EL Shaoxing-Reiswein
1 TL Zucker
½ TL Salz
½ TL Szechuan-Pfeffer, in einer Pfanne trocken geröstet und gemörsert
250 ml stark konzentriertes Hühnerfond-Gelee (siehe Rezept »Hühnerfond für Wan-Tan-Suppe & Xiao Long Bao« Seite 144)

Für die Sauce (optional)
10 g frischer Ingwer, in sehr feine Streifen geschnitten
5–6 EL schwarzer Chinkiang-Reisessig

ZUBEREITUNG

Für den Teig das Salz in kochend heißes Wasser rühren, bis es aufgelöst ist. Das Salzwasser zum gesiebten Mehl in die Schüssel geben. Zuerst mit einer Gabel (Vorsicht, sehr heiß!), dann mit den Händen mindestens 5–6 Minuten zu einem glatten, homogenen Teig kneten. Den Teig in Frischhaltefolie einschlagen und mindestens 30 Minuten (besser 1–2 Stunden) an einem kühlen Ort ruhen lassen.

Für die Füllung alle Zutaten bis auf den gelierten Hühnerfond gut vermischen. Dann erst den Hühnerfond aus dem Kühlschrank nehmen und mit einer Gabel gleichmäßig in die Füllung einarbeiten. Die Füllung bis zur Benutzung abgedeckt im Kühlschrank aufbewahren.

Den Teig in etwa 30 Portionen teilen, kleine Kugeln daraus formen und zum Schutz vor Austrocknung erneut luftdicht mit Klarsichtfolie abdecken. Die Teiglinge nacheinander mit der Handfläche plattdrücken, dann mit einem kleinen Teigroller auf einer mit Stärke gestaubten Arbeitsfläche 10–12 cm groß und rund ausrollen. Je 1 EL Füllung mittig platzieren. Dabei darauf achten, dass die Füllung nicht warm wird. (Es empfiehlt sich, die Füllung in kleinen Portionen aus dem Kühlschrank zu nehmen, bis alle Teigtaschen gefüllt sind.) Den Teigrand von einer Seite mit Zeigefinger und Daumen mittig über die Füllung falten. Mithilfe der anderen Hand immer eine kleine Falte daneben legen und festdrücken. Wiederholen und die Teigtasche dabei leicht drehen, bis sie vollständig geschlossen ist. Falten über der Tasche leicht verdrehen und zusammendrücken. Die Spitze der Teigtasche mit einer Schere abschneiden.Es empfiehlt sich, die fertigen Teigtaschen zu kühlen, bis alle geformt sind.

Den Dampfgareinsatz mit einem gelochten Backpapier auslegen (siehe Tipp Seite 74) und die Teigtaschen mit etwas Abstand in den Dampfgareinsatz setzen. Den Topf mit Wasser füllen, den Einsatz einsetzen, aufkochen und mit geschlossenem Deckel 8–10 Minuten dämpfen.

Für die Sauce die Ingwerstreifen und den Reisessig vermischen.

ANRICHTEN

Die Xiao Long Bao heiß servieren. Nach Wunsch die Dip-Sauce in einer kleinen Schale dazu servieren.

TIPP

Zum Essen wird eine kleine Öffnung in die Teigtasche gebissen, um ein unkontrolliertes Herausspritzen der Flüssigkeit oder Verbrennungen zu vermeiden. Die heiße Brühe wird dann geschlürft und anschließend das ganze Xiao Long Bao gegessen.

WÜRZIGE GEORGISCHE KHINKALI

VORBEREITUNG: 1 STUNDE | ZUBEREITUNGSZEIT: 20 MINUTEN | BÜNDEL ODER ANDERE FORM NACH GESCHMACK

FÜR 4–6 PERSONEN

Für den Teig
400 g Weizenmehl Type 405 plus etwas mehr zum Arbeiten
etwa 200 ml warmes Wasser
1 TL Salz

Für die Füllung
400 g nicht zu mageres Hackfleisch (Rind/Schwein oder Rind/Lamm gemischt), einmal gewolft
2 große Zwiebeln, sehr klein gewürfelt oder gerieben
1–2 Knoblauchzehen, mit etwas Salz im Mörser zerstoßen
3–4 Stängel Dill, klein geschnitten
2–3 Stängel Koriander, klein geschnitten
½ TL rosenscharfes Paprikapulver
½ TL edelsüßes Paprikapulver
⅓ TL getrockneter Thymian
1 TL Salz
⅔ TL gemahlener Kampot-Pfeffer
etwa 120 ml kaltes Wasser (oder selbstgemachte Rinderbrühe)

Zum Garen der Teigtaschen
1½–2 l selbstgemachte Rinderbrühe oder 1½ Wasser mit Lorbeerblättern, Zwiebel, Dill, Koriander, Pfeffer und Salz
2 Lorbeerblätter
1 Zwiebel, abgezogen und halbiert
1 Stängel Dill, klein geschnitten
1 Stängel Koriander, klein geschnitten
6–8 Körner Kampot-Pfeffer
1 TL Salz

ZUBEREITUNG

Für den Teig alle Zutaten vermengen und mit beiden Händen mindestens 10 Minuten zu einem glatten, geschmeidigen Teig kneten. Den Teig in Frischhaltefolie einschlagen und mindestens 30–60 Minuten (besser 3–4 Stunden) an einem kühlen Ort ruhen lassen.

Für die Hackfleischfüllung alle Zutaten gründlich vermengen und mit Salz und Pfeffer abschmecken. Abgedeckt im Kühlschrank ziehen lassen.

Den Teig auf einer bemehlten Arbeitsfläche dünn ausrollen und 12–14 cm große Kreise ausstechen. Je 1 EL Füllung mittig platzieren. Den Teigrand von einer Seite mit Zeigefinger und Daumen greifen. Mithilfe der anderen Hand immer eine kleine Falte daneben legen und festdrücken. Wiederholen und die Teigtasche dabei leicht drehen, bis sie vollständig geschlossen ist. Falten über der Tasche leicht verdrehen und zusammendrücken. Die Spitze der Teigtasche mit einer Schere abschneiden. Die Beutel müssen gut verschlossen sein, damit die Brühe beim Garen nicht ausläuft.

Zum Garen der Teigtaschen die selbstgekochte Brühe (oder das Wasser mit den Lorbeerblättern, der Zwiebel, den Kräutern und den Gewürzen) in einem großen Topf aufkochen und bei geringer Temperatur 10–15 Minuten simmern lassen. Die Teigtaschen mit der Spitze nach unten ins Wasser gleiten lassen und erhitzen, bis das Wasser einmal aufkocht. Dann etwa 10 Minuten leicht simmern lassen, bis die Teigtaschen gar sind.

ANRICHTEN

Teigtaschen auf die Teller verteilen und nach Wunsch sehr wenig Brühe darübergeben. Etwas Kampot-Pfeffer darüber mahlen und mit den Kräutern garnieren.

Zum Anrichten
frisch gemahlener Kampot-Pfeffer
Dill sowie Koriander oder glatte Petersilie, klein geschnitten

TIPP

Zum Essen wird eine kleine Öffnung in die Teigtasche gebissen, um ein unkontrolliertes Herausspritzen der Flüssigkeit oder Verbrennungen zu vermeiden. Die heiße Brühe wird dann geschlürft und anschließend das ganze Khinkali gegessen.
Übrig gebliebene Khinkali können am nächsten Tag mit etwas Butter angebraten werden.

Gemüse

SALAT AUS MAGENTAFARBENEN MANTI MIT MAIS, RUCOLA UND JOGHURT-TAHINI-DRESSING

Şalgamlı mantı salatası

VORBEREITUNG: 10 MINUTEN | ZUBEREITUNGSZEIT: 20 MINUTEN | HALBMONDE ODER PYRAMIDENFORM

FÜR 4 PERSONEN

Für die Teigtaschen

1 l Acısız şalgam suyu (alternativ Rote-Bete-Saft), mild

½ Rezept Teigtaschen (siehe Rezept »Kayseri mantısı« Seite 58) oder für eine vegetarische Variante siehe Rezept »Frischkäse-Teigtaschen mit Walnuss-Zatar-Bröseln und Pastırma« Seite 52

Für das Joghurt-Tahini-Dressing

3–4 EL Naturjoghurt (3,5 % Fettgehalt)

2 EL Tahini (Sesampaste)

2 EL Olivenöl

1 EL Zitronensaft

Salz

frisch gemahlener schwarzer Pfeffer

Für den Salat

180 g Maiskörner (Konserve), gewaschen und abgetropft

3–4 Frühlingszwiebeln, mit Grün sehr klein geschnitten

1 Bund Rucola, grob geschnitten

1 kleine Karotte, in Julienne geschnitten

5–7 Stängel Dill, klein geschnitten

Zum Anrichten

einige Walnusskerne

1–2 Stängel Dill, klein geschnitten

ZUBEREITUNG

Den Saft in einem großen Topf zum Kochen bringen. Die Teigtaschen vorsichtig hineingleiten lassen und erneut erhitzen, bis es kocht. Etwa 4–6 Minuten leicht simmern lassen, bis die Teigtaschen gar sind und nach oben steigen. Teigtaschen mit einem Schaumlöffel entnehmen, gut abtropfen und leicht abkühlen lassen.

Für das Joghurt-Tahini-Dressing alle Zutaten in einer Schüssel verrühren und abschmecken.

Für den Salat alle Zutaten in einer großen Schüssel locker vermengen.

ANRICHTEN

Die Teigtaschen mit dem Salat vermischen und auf die Teller verteilen. Das Joghurt-Tahini-Dressing locker darauf verteilen und mit einigen Walnusskernen sowie etwas Dill garnieren.

TIPP

Als Salatdressing eignet sich auch »Leichtes Zitronen-Minz-Öl mit Knoblauch« (sein Seite 147).
Şalgam suyu ist ein traditionelles, alkoholfreies Getränk aus Anatolien, das durch die Fermentation von schwarzen Karotten und Rüben hergestellt wird. Die Variante »acısız« ist nicht scharf, »acili« ist scharf. Wer Rote-Bete-Saft benutzt, sollte das Dressing mit etwas mehr Zitronensaft und ½ TL Senf »aufpeppen«.

GEMÜSE-GYOZA

VEGAN

VORBEREITUNG: 30 MINUTEN | ZUBEREITUNGSZEIT: 20 MINUTEN | GYOZA

FÜR 4 PERSONEN

Für den Gyoza-Teig

½ TL Salz
etwa 150 ml kochendes Wasser
300 g gesiebtes Weizenmehl Type 405
etwas Kartoffelstärke für die Teigbearbeitung
alternativ etwa 36 fertige runde Gyoza-Teigblätter (TK, aufgetaut)
4–6 EL Sonnenblumenöl zum Braten

Für die vegane Füllung

180 g Spitzkohl (oder Chinakohl), 2–3 mm klein gewürfelt
Salz
8–10 getrocknete Shiitake-Pilze
180 g Naturtofu, ausgedrückt und in 3–4 mm kleine Würfel geschnitten
1–2 Knoblauchzehen, fein gerieben
1 cm Ingwer, fein gerieben
1 Frühlingszwiebel, sehr klein gewürfelt
2 EL rohe Kartoffel, sehr fein gerieben und mit Flüssigkeit
1½ TL geröstetes Sesamöl
1 TL Sojasauce
¼ TL Zucker
frisch gemahlener schwarzer Pfeffer

ZUBEREITUNG

Für den Teig das Salz in das Wasser rühren, bis es aufgelöst ist. Das Salzwasser zum Mehl in die Schüssel geben. Zuerst mit einer Gabel (Vorsicht, sehr heiß!) vermischen, dann mit den Händen mindestens 5–6 Minuten zu einem glatten, homogenen Teig kneten. Den Teig in Frischhaltefolie einschlagen und mindestens 30 Minuten (besser sind 1–2 Stunden) an einem kühlen Ort ruhen lassen.

Für die Füllung zuerst den Kohl mit ½ TL Salz in einer Schüssel gut vermischen und 20 Minuten ruhen lassen, damit der Kohl leicht zusammenfallen kann. Die Pilze 30 Minuten in lauwarmem Wasser einweichen und abgießen. Die Stiele entfernen und in sehr kleine Würfel schneiden. Dann mit den restlichen Zutaten für die Füllung in eine große Schüssel geben, alles gut vermischen und mit Salz und Pfeffer abschmecken.

Den Teig auf einer mit Kartoffelstärke gestaubten Arbeitsfläche dünn ausrollen. Dann entweder Kreise (ø 8–9 cm) ausstechen oder mit den fertigen Gyoza-Teigblättern weiterarbeiten. Etwa 1½ TL Füllung mittig platzieren. Dann den Teigrand mit etwas Wasser befeuchten, zum Halbmond über die Füllung halten, 4–6 Falten formen und verschließen. Die Gyoza mit etwas Abstand zueinander auf ein mit Stärke gestaubtes Backblech legen und abdecken, bis alle Teigtaschen geformt sind.

Einen zur Größe der Pfanne (etwa 28 cm) passenden Glasdeckel auswählen. Etwas Öl in der Pfanne erhitzen und jeweils 10–12 Teigtaschen mit den Falten nach oben in die Pfanne setzen. Anschließend bei mittlerer bis hoher Temperatur 2–3 Minuten anbraten, bis sie unten leicht Farbe bekommen. Dann etwa 60–80 ml Wasser um die Gyoza herum gießen und sofort abdecken (Vorsicht, es spritzt!). 4–5 Minuten den Deckel nicht anheben, bis das Wasser komplett verdampft ist und die Teigtaschen leicht durchscheinend zu glänzen beginnen. Die Gyoza vorsichtig mit einem Spatel vom Topfboden lösen, aus der Pfanne nehmen und abgedeckt auf einem Teller beiseitestellen. Den Bratvorgang wiederholen, bis alle Gyoza gebraten sind.

Für die Dip-Sauce
5–6 EL Sojasauce
3 EL Reisessig
etwas japanisches Chiliöl (Rayu oder La-yu)

Zum Anrichten
etwas Schnittknoblauch (Nira), klein geschnitten
Karottenstreifen
Frühlingszwiebeln, mit dem Grün in feine Ringe geschnitten

Für die Dip-Sauce alle Zutaten miteinander verrühren.

ANRICHTEN

Die Gyoza zügig auf den Tellern anrichten und mit Schnittknoblauch, Karottenstreifen und Frühlingszwiebeln garnieren. Die Dip-Sauce in separaten Schälchen dazu servieren.

TIPP

Die fein geriebene, rohe Kartoffel ist unsere geheime Zutat für die Gemüsefüllung. Sie bindet mit ihrer Stärke austretende Flüssigkeit beim Garen und hält die Füllung zusammen. Ein Glasdeckel für die Pfanne ist sehr praktisch, um den Garpunkt der Teigtaschen zu überprüfen.

HINGEL MIT KARTOFFELFÜLLUNG

Patatesli hingel

VORBEREITUNG: 1 STUNDE | ZUBEREITUNGSZEIT: 35 MINUTEN | FISCHRÜCKEN

FÜR 4 PERSONEN

Für den Teig
320 g Weizenmehl Type 405 plus etwas mehr für die Teigbearbeitung
1 Ei
etwa 120 ml kaltes Wasser
1 TL Salz

Für die Kartoffelfüllung
3 festkochende Kartoffeln, geschält und grob gewürfelt
2 weiße Zwiebeln, klein gewürfelt
50 g Butter
½ TL edelsüßes Paprikapulver
½ TL gemahlener Koriander
etwas Meersalz
frisch gemahlener schwarzer Pfeffer
1 Frühlingszwiebel, mit dem Grün klein geschnitten
2 Stängel glatte Petersilie, klein geschnitten

Für die Joghurtsauce
2 Knoblauchzehen, mit etwas Salz im Mörser zerstoßen
400 g Naturjoghurt (3,5 % Fettgehalt)

Für die Chilibutter
100 g Butter
1–2 TL rosenscharfes Paprikapulver

Zum Anrichten
1 Stängel glatte Petersilie oder Koriander, klein geschnitten

ZUBEREITUNG

Für den Teig alle Zutaten vermengen und mit beiden Händen mindestens 10 Minuten zu einem glatten, geschmeidigen Teig kneten. Den Teig in Frischhaltefolie einschlagen und mindestens 30–60 Minuten (besser 3–4 Stunden) an einem kühlen Ort ruhen lassen.

Für die Füllung die Kartoffeln in Salzwasser weich kochen, abgießen und mit einer Gabel zerdrücken. Währenddessen die Zwiebeln in einer Pfanne mit der Butter bei geriniger Temperatur etwa 12 Minuten ganz langsam schmoren, bis sie schön weich sind. Mit Paprika, Koriander, Salz sowie Pfeffer würzen und zum Abkühlen beiseitestellen. Anschließend die Frühlingszwiebeln sowie die Petersilie unterrühren.

Den Teig auf einer bemehlten Arbeitsfläche dünn ausrollen. Etwa 8–9 cm große Kreise ausstechen und 1 EL Füllung mittig platzieren. Teigblatt über die Füllung verschließen. Mit Daumen und Zeigefinger abwechselnd umfalten, bis die Teigtasche aussieht wie ein geschlossener Zopf.

Für die Joghurtsauce den Knoblauch und den Joghurt glattrühren und beiseitestellen.

Die Butter in einer Pfanne zerlassen, das Paprikapulver darin schwenken, kurz aufschäumen lassen und vom Herd nehmen.

Ausreichend gesalzenes Wasser in einem großen Topf zum Kochen bringen. Die Teigtaschen vorsichtig hineingleiten lassen und erhitzen, bis das Wasser nahezu kocht. 6–8 Minuten im Wasser leicht simmern lassen, bis die Teigtaschen gar sind und nach oben steigen. Dann mit einem Schaumlöffel entnehmen und gut abtropfen lassen.

ANRICHTEN

Die Teigtaschen auf einem großen Servierteller anordnen und etwas Chilibutter darüberträufeln. Die Joghurtsauce in einer separaten Schale dazu servieren.

TIPP

Für eine Variante mit Pilzen in einer separaten Pfanne 2 EL Sonnenblumenöl stark erhitzen und 250 g gewürfelte braune Champignons scharf anbraten. Mit ⅓ TL getrocknetem Rosmarin, Salz und Pfeffer abschmecken und anschließend statt der Frühlingszwiebeln in die abgekühlte Kartoffelfüllung geben.

TEIGTASCHEN MIT KÄSE UND GERÖSTETER PAPRIKA-WALNUSS-CREME

Köz biber ve ceviz soslu mantı

VORBEREITUNG: 1 STUNDE | ZUBEREITUNGSZEIT: 30 MINUTEN | HALBMONDE ODER DREIECKE

FÜR 4 PERSONEN

Für den Teig

320 g Weizenmehl Type 405 plus etwas mehr für die Teigbearbeitung
1 Ei
etwa 90 ml kaltes Wasser
1 TL Salz

Für die Paprika-Walnuss-Creme

300 g rote Spitzpaprika, im Ofen geröstet und gehäutet
25 g trockenes Weißbrot, gemahlen
1 Knoblauchzehe
50 g geröstete Walnusskerne
2 EL natives Olivenöl extra
½ TL scharfes Salça (Tomaten- und/ oder Paprikamark)
½ EL nar ekşisi (Granatapfel-dicksaft)
½ TL Zucker
½ TL gemahlener Kreuzkümmel
5–7 Zweige frischer Thymian, abgezupft (alternativ 1 TL türkische Oregano-Thymian-Mischung)
Abrieb und 2–3 EL Saft 1 unbehandelten Zitrone
Meersalz
frisch gemahlener schwarzer Pfeffer

ZUBEREITUNG

Für den Teig alle Zutaten vermengen und mit beiden Händen mindestens 10 Minuten zu einem glatten, geschmeidigen Teig kneten. Den Teig in Frischhaltefolie einschlagen und mindestens 30–60 Minuten (besser 3–4 Stunden) an einem kühlen Ort ruhen lassen.

Für die Creme alle Zutaten in einen Standmixer füllen und zerkleinern, bis eine sämige Paste mit leichter Textur entsteht. Diese mit Zitronensaft, Salz und Pfeffer abschmecken.

Für die Füllung alle Zutaten in einer Schüssel vermengen.

Den Teig auf einer bemehlten Arbeitsfläche dünn ausrollen. Je nach gewünschter Form rund ausstechen oder quadratisch schneiden. Etwa 1 TL Füllung mittig darauf platzieren, die Teigtaschen in der gewünschten Form verschließen und leicht festdrücken.

Ausreichend gesalzenes Wasser in einem großen Topf zum Kochen bringen. Die Teigtaschen vorsichtig hineingleiten lassen und erneut erhitzen, bis das Wasser nahezu kocht. Etwa 4–6 Minuten Wasser leicht simmern lassen, bis die Teigtaschen gar sind und nach oben steigen. Teigtaschen mit einem Schaumlöffel entnehmen und gut abtropfen lassen.

ANRICHTEN

Die Paprika-Walnuss-Creme auf die Teller streichen und die Teigtaschen darauf anrichten. Mit den Walnüssen und Thymianblättern garnieren.

Für die Füllung
400 g Weißkäse (Feta-, Weich- oder Hirtenkäse), mit einer Gabel zerdrückt
150 g geröstete Walnusskerne, grob gehackt
2–3 EL Salça (Tomaten- und/ oder Paprikamark), mild oder scharf

Zum Anrichten
Walnusskerne
etwas frischer Thymian oder Oregano, abgezupft

TEIGTASCHEN MIT ZIEGEN-FRISCHKÄSE AUF WILDKRÄUTERN

Ot kavurması ve lorlu mantı

VORBEREITUNG: 1 STUNDE | ZUBEREITUNGSZEIT: 20 MINUTEN | LILIEN

FÜR 4 PERSONEN

Für den Teig

320 g Weizenmehl Type 405 plus etwas mehr für die Teigbearbeitung
1 Ei
etwa 120 ml kaltes Wasser
1 TL Salz

Für die Frischkäsefüllung

300 g Ziegenfrischkäse, glatt gerührt
feiner Abrieb von ½ Biozitrone
50 g Walnusskerne, grob gehackt
1 Ei
2 Stängel glatte Petersilie mit zarten Stängeln, klein geschnitten
1–2 Prisen frisch geriebene Muskatnuss
Meersalz
frisch gemahlener schwarzer Pfeffer

Für das Wildkräutergemüse

2 EL Butter
2–3 Schalotten, klein gewürfelt
2 Knoblauchzehen
350 g Wildkräuter (z. B. wilde Malve, Spinat, Brennnesseln, feine Fenchelblätter, Mangold, 1–2 Frühlingszwiebeln, Dill), grob geschnitten
1–2 Prisen frisch geriebene Muskatnuss
Meersalz
frisch gemahlener schwarzer Pfeffer

ZUBEREITUNG

Für den Teig alle Zutaten vermengen und mit beiden Händen mindestens 10 Minuten zu einem glatten, geschmeidigen Teig kneten. Den Teig in Frischhaltefolie einschlagen und mindestens 30–60 Minuten (besser 3–4 Stunden) an einem kühlen Ort ruhen lassen.

Für die Füllung ebenfalls alle Zutaten in einer Schüssel vermengen.

Den Teig auf einer bemehlten Arbeitsfläche dünn ausrollen. Für die gewünschte Form 6–8 cm große Quadrate schneiden. Je 1 TL Füllung mittig platzieren und den Teig diagonal über die Füllung falten, sodass die Ecken leicht versetzt nebeneinander liegen. Die Seiten ebenfalls nach oben falten und festdrücken.

Für das Wildkräutergemüse die Butter bei niedriger Temperatur in einer Pfanne erhitzen und die Schalotten langsam dünsten. Dann den Knoblauch und kurz darauf auch die Wildkräuter hinzugeben. Je nach Gemüsesorte bei mittlerer bis hoher Temperatur 4–6 Minuten in der Pfanne schwenken. Mit Muskatnuss, Salz und Pfeffer abschmecken.

Währenddessen gesalzenes Wasser in einem großen Topf zum Kochen bringen. Die Teigtaschen vorsichtig hineingleiten lassen und erneut erhitzen, bis das Wasser nahezu kocht. Etwa 4–6 Minuten Wasser leicht simmern lassen, bis die Teigtaschen gar sind und nach oben steigen. Dann mit einem Schaumlöffel entnehmen und abtropfen lassen.

Für die Fertigstellung die Walnusskerne in einer beschichteten Pfanne ohne Fettzugabe leicht anrösten, dann die Butter hinzufügen und die Teigtaschen darin schwenken.

ANRICHTEN

Das Wildkräutergemüse auf die Teller verteilen. Die Teigtaschen mit den Walnüssen darauf anrichten. Die Butter darüberträufeln.

Für die Fertigstellung
5–6 Walnusskerne, grob gehackt
70 g Butter

TIPP
Klein geschnittene Wildkräuter können unter den Ziegenkäse gemischt auch als Füllung für die Teigtaschen verwendet werden.

TEIGTASCHEN MIT KÄSE-MINZ-SULTANINEN UND GERIEBENEM HALLOUMI

Kıbrıs pirohu

VORBEREITUNG: 1 STUNDE | ZUBEREITUNGSZEIT: 30 MINUTEN | RUNDE

FÜR 4 PERSONEN

Für den Teig

320 g Weizenmehl Type 405 plus etwas mehr für die Teigbearbeitung
1 Ei
etwa 110 ml kaltes Wasser
1½ EL natives Olivenöl extra
1 TL Salz

Für die Käse-Minz-Füllung

100 g Halloumi-Käse, grob gerieben
250 g Lor-Käse (proteinreicher Molkenkäse aus Kuhmilch mit mind. 30% Fettgehalt, alternativ Ricotta), mit einer Gabel zerkleinert
1–2 Stängel Nane-Minze, Blätter gezupft und klein geschnitten
½ TL getrocknete Nane-Minze
ca. 100 g Sultaninen
1 Ei
Meersalz
frisch gemahlener schwarzer Pfeffer

Für die Fertigstellung

70 g geschmolzene Butter

Zum Anrichten

30 g gebratene Halloumi-Würfel
30 g Halloumi-Käse, grob gerieben
getrocknete Nane-Minze
einige Blätter frische Minze

ZUBEREITUNG

Für den Teig alle Zutaten vermengen und mit beiden Händen mindestens 10 Minuten zu einem glatten, geschmeidigen Teig kneten. Den Teig in Frischhaltefolie einschlagen und mindestens 30–60 Minuten (besser 3–4 Stunden) an einem kühlen Ort ruhen lassen.

Für die Füllung alle Zutaten in einer Schüssel vermengen.

Den Teig in vier Portionen aufteilen und rund rollen. Die Teigkugeln dann auf einer bemehlten Arbeitsfläche dünn ausrollen. Mit etwas Abstand zueinander jeweils 1½ TL Füllung auf den Teig platzieren und mit einer zweiten Teigplatte bedecken. Mit einem runden Ausstecher oder einer Mokkatasse die Teigtaschen daraus ausstechen und die Seiten mit einer Gabel leicht andrücken.

Ausreichend gesalzenes Wasser in einem großen Topf zum Kochen bringen. Die Teigtaschen vorsichtig hineingleiten lassen und erneut erhitzen, bis das Wasser nahezu kocht. Etwa 4–6 Minuten Wasser leicht simmern lassen, bis die Teigtaschen gar sind und nach oben steigen. Teigtaschen mit einem Schaumlöffel entnehmen und gut abtropfen lassen.

Für die Fertigstellung die Butter in einer Pfanne zerlassen und Teigtaschen darin schwenken.

ANRICHTEN

Die Teigtaschen auf die Teller verteilen und etwas Butter darüberträufeln. Den Halloumi darüberstreuen und mit der Minze garnieren.

KÄSE-TEIGTASCHEN MIT WARMEM MANGOLD-TOMATEN-GEMÜSE

Pazılı ve domatesli, peynirli mantı

VORBEREITUNG: 1 STUNDE | ZUBEREITUNGSZEIT: 30 MINUTEN | QUADRATE ODER RECHTECKE

FÜR 4 PERSONEN

Für den Teig

320 g Weizenmehl Type 405 plus etwas mehr für die Teigbearbeitung
1 Ei
etwa 120 ml kaltes Wasser
1 TL Salz

Für die Füllung

500 g Weißkäse (Feta-, Weich- oder Hirtenkäse), mit einer Gabel zerdrückt
180 g Cashewkerne, geröstet und grob gehackt
2–3 EL mildes Salça (Tomaten- und/ oder Paprikamark)

Für das Mangold-Tomaten-Gemüse

2–3 EL natives Olivenöl extra
½ Zwiebel, klein gewürfelt
2 Knoblauchzehen, klein geschnitten
500 g Mangold, Blätter ohne Stiel klein geschnitten
100 g Kirschtomaten, halbiert
70 g getrocknete Tomaten in Öl, klein gewürfelt
1–2 Prisen frisch geriebene Muskatnuss
Meersalz
frisch gemahlener schwarzer Pfeffer

Zum Anrichten

50 g geröstete Pinienkerne

ZUBEREITUNG

Für den Teig alle Zutaten vermengen und mit beiden Händen mindestens 10 Minuten zu einem glatten, geschmeidigen Teig kneten. Den Teig in Frischhaltefolie einschlagen und mindestens 30–60 Minuten (besser 3–4 Stunden) an einem kühlen Ort ruhen lassen.

Für die Füllung alle Zutaten in einer Schüssel vermengen.

Den Teig auf einer bemehlten Arbeitsfläche dünn ausrollen. Je nach gewünschter Form quadratisch oder rechteckig schneiden, auf der Hälfte der Teigstücke mittig ca. 1 TL Füllung platzieren. Dann die anderen Teigstücke über die Füllung legen, die Ränder gut verschließen und leicht festdrücken.

Für das Mangold-Tomaten-Gemüse das Olivenöl in einer Pfanne leicht erhitzen und die Zwiebeln darin langsam glasig dünsten. Den Knoblauch und den Mangold zugeben und 3–4 Minuten dünsten, bis er zusammenfällt. Die Kirschtomaten sowie die getrockneten Tomaten untermischen und mit Muskatnuss, Salz und Pfeffer abschmecken.

Ausreichend gesalzenes Wasser in einem großen Topf zum Kochen bringen. Die Teigtaschen vorsichtig hineingleiten lassen und erneut erhitzen, bis das Wasser nahezu kocht. Etwa 4–6 Minuten Wasser leicht simmern lassen, bis die Teigtaschen gar sind und nach oben steigen. Dann mit einem Schaumlöffel aus dem Wasser heben und gut abtropfen lassen.

ANRICHTEN

Das Mangold-Tomaten-Gemüse auf die Teller verteilen und die Teigtaschen darauf anrichten. Die Pinienkerne darüberstreuen.

KRISTALL-TEIGBLÜTEN MIT GEMÜSE-EI-FÜLLUNG

Shuijing jiǎozi

VORBEREITUNG: 20 MINUTEN | ZUBEREITUNGSZEIT: 40 MINUTEN | FRANGIPANI-BLÜTEN

FÜR 2–3 PERSONEN

Für das Rotkohlwasser (siehe Tipp)
200 g Rotkohl, klein geschnitten
300 ml Wasser
1 EL Zitronensaft

Für die Füllung
80 g Karotten, fein gerieben
160 g Spitzkohl, 2–3 mm klein gewürfelt
½ TL Salz
2 Eier, verquirlt
1 EL Olivenöl
2 Frühlingszwiebeln
frisch gemahlener schwarzer Pfeffer
1 TL geröstetes Sesamöl
2 TL Sojasauce

Für den Kristallteig
120 g Weizenstärke
36 g Kartoffelstärke
etwa 120 ml kochend heißes Rotkohlwasser (siehe Teilrezept oben)
½ TL Salz
½ TL Zucker
1 EL Speiseöl

Für die Fertigstellung
Karottenstreifen, , fein gerieben
Olivenöl zum Bepinseln und für den Dampfgarer

ZUBEREITUNG

Für das Rotkohlwasser den Rotkohl mit dem Wasser aufkochen, bis der Rotkohl seine Farbe an das Wasser abgegeben hat. Noch heiß durch ein Sieb gießen, die festen Bestandteile verwerfen und das Rotkohlwasser auffangen. Dann den Zitronensaft unterrühren, damit sich die Farbe von Blauviolett nach Magenta verändert.

Für die Füllung die Karotten und den Spitzkohl mit dem Salz bestreuen, mischen und in einem feinen Sieb 10 Minuten abtropfen lassen. Dann mit beiden Händen kräftig ausdrücken und die Flüssigkeit wegschütten. Das Olivenöl in einer beschichteten Pfanne erhitzen und die Eier darin krümelig braten. Die Eier mit den Karotten, den Zucchini und den restlichen Zutaten vermengen und zum Abkühlen beiseitestellen.

Für den Teig die Weizenstärke und die Kartoffelstärke in einer Schüssel mischen. Das Rotkohlwasser mit Salz und Zucker verrühren und zur Stärke in die Schüssel gießen. Den Teig zuerst mit einem Teigschaber (Vorsicht, sehr heiß!) und kurz darauf mit den Händen auf der Arbeitsfläche rasch verkneten. Dann das Öl unterarbeiten, bis ein weicher, elastischer Teig entsteht. Den Teig zu einer Kugel formen, in Klarsichtfolie wickeln und mindestens 15 Minuten ruhen lassen.

Den Teig in etwa 16 Portionen teilen, kleine Kugeln daraus formen und erneut luftdicht mit Klarsichtfolie abdecken, damit der Teig nicht austrocknet. Die Teigkugeln nacheinander mit der Handfläche plattdrücken, dann mit einem kleinen Nudelholz etwa 8 cm groß und rund ausrollen. Je 1 TL Füllung mittig platzieren, den Teigrand an 4–5 Stellen hochziehen und so schließen, dass die Mitte noch leicht geöffnet ist. Die 4–5 spitzen Seiten mit Daumen und Zeigefinger der Reihe nach leicht plattdrücken und so umfalten, dass die Frangipani-Blüten entstehen. In die mittlere Öffnung einige fein geriebene Karotten geben.

Zum Anrichten

Dip-Sauce (z. B. »Dip-Sauce mit vietnamesischer Fischsauce« siehe Seite 145)

Frühlingszwiebelringe oder gezupfte Petersilienblätter

In den Dampfgarer etwas Wasser füllen und aufkochen. Die Einsätze des Dampfgarers mit etwas Olivenöl einfetten (oder die Unterseite der Teigtaschen in etwas Öl dippen, damit sie nicht kleben bleiben) und die Teigtaschen mit etwas Abstand zueinander darauf platzieren. Den Deckel schließen und die Teigtaschen etwa 13 Minuten garen. Nach dem Garen mit einem Pinsel etwas Öl auf die Blüten auftragen, damit sie schön glänzen.

ANRICHTEN

Die Teigblüten auf die Teller verteilen und mit Frühlingszwiebeln und/oder Petersilienblättern garnieren. Die Dip-Sauce in separaten Schälchen dazu servieren.

TIPP

Diese kleinen Blüten lassen sich nicht nur unterschiedlich füllen, ihr könnt sie auch in diversen Farben herstellen. Für bunte »Teigblüten« könnt ihr einen Teil des Teigs mit heißem Karottensaft in Gelborange oder mit Rotkohlwasser ohne Zugabe des Zitronensafts in Blauviolett zubereiten. Der Teig lässt sich nicht lange aufbewahren. Daher lieber kleine Mengen zubereiten und die Kristall-Teigblüten als Vorspeise servieren.

NUDELSCHIFFCHEN IM OFEN MIT LINSENFÜLLUNG

Mercimekli sini mantısı

VORBEREITUNG: 1 STUNDE | ZUBEREITUNGSZEIT: 30 MINUTEN | KAYAKFORM

FÜR 4 PERSONEN

Für den Teig

320 g Weizenmehl Type 405 plus etwas mehr für die Teigbearbeitung
1 Ei
etwa 110 ml kaltes Wasser
1½ EL natives Olivenöl extra
1 TL Salz

Für die Linsenfüllung

180 g grüne Linsen
2 große Zwiebeln, sehr klein gewürfelt
2–3 EL Butter
2 TL Salça (Tomaten- und/ oder Paprikamark), mild oder scharf
½ TL Salz
1½ EL natives Olivenöl extra
½ TL gemahlener Kreuzkümmel (Cumin)
½ TL edelsüßes Paprikapulver
½ TL getrocknete Nane-Minze
¼ TL gemahlener Zimt
frisch gemahlener schwarzer Pfeffer

Für die Fertigstellung

1½ l selbstgekochte Brühe (Gemüse-, Geflügel- oder Fleischbrühe) oder Instant-Brühe
1½ EL Butter plus etwas mehr für die Form
Salz
frisch gemahlener schwarzer Pfeffer

ZUBEREITUNG

Für den Teig alle Zutaten vermengen und mit beiden Händen mindestens 10 Minuten zu einem glatten, geschmeidigen Teig kneten. Den Teig in Frischhaltefolie einschlagen und mindestens 30–60 Minuten (besser 3–4 Stunden) an einem kühlen Ort ruhen lassen.

Für die Füllung die Linsen in gesalzenem Wasser etwa 15 Minuten weichkochen und dann abgießen. Die Butter in einer Pfanne bei niedriger Temperatur zerlassen. Die Zwiebeln darin 10–15 Minuten langsam weich schmoren. Dann die Linsen sowie das Salça unterrühren und 2–3 Minuten mitbraten. Nach Geschmack würzen, abschmecken und zum Abkühlen beiseitestellen.

Den Teig auf einer bemehlten Arbeitsfläche dünn ausrollen und in 4–5 cm große Quadrate schneiden. ½ TL Füllung mittig platzieren und mit Daumen und Zeigefinger zwei gegenüberliegende Seiten am Rand zu einem Schiffchen so zusammendrücken, dass in der Mitte eine Öffnung bleibt. Eine ofenfeste, runde Form mit Butter einpinseln und die Teigtaschen aufrecht nebeneinander platzieren. Dann im auf 180 °C vorgeheizten Backofen (Ober-/Unterhitze) ca. 12 Minuten backen, bis sie leicht Farbe bekommen.

Währenddessen die Brühe aufkochen, die Butter unterrühren und gegebenenfalls mit Salz und Pfeffer abschmecken. Das Backblech kurz aus dem Ofen holen und nach und nach die Brühe angießen, bis die Teigtaschen zu drei Vierteln bedeckt sind. Anschließend für weitere 10–15 Minuten im Ofen backen.

Für die Joghurtsauce
1 Knoblauchzehe, mit etwas Salz im Mörser zerstoßen
400 g Naturjoghurt (3,5 % Fettgehalt)

Für die Minzbutter
100 g Butter
1½ TL getrocknete Nane-Minze

Zum Anrichten
getrocknete Nane-Minze
Pul Biber (Chiliflocken)
einige Blätter frische Minze oder Petersilie

Für die Joghurtsauce den Joghurt mit dem Knoblauch glattrühren und beiseitestellen.

Für die Minzbutter die Butter in einer Pfanne zerlassen, die Nane-Minze darin schwenken und vom Herd nehmen.

ANRICHTEN

Die Teigtaschen auf die Teller verteilen. Die Minzbutter und die Joghurtsauce dazu reichen. Alternativ die Teigtaschen in der Backform servieren. Die Joghurtsauce darüberträufeln und die Minzbutter darauf anrichten.

USBEKISCHE KÜRBIS-MANTY MIT TOMATEN-KORIANDER-SAUCE

VORBEREITUNG: 1 STUNDE | ZUBEREITUNGSZEIT: 45 MINUTEN | GROSSE BLÜTEN

FÜR 4 PERSONEN

Für den Teig

320 g Weizenmehl Type 405 plus etwas mehr für die Teigbearbeitung
1 Ei
etwa 110 ml warmes Wasser
1½ EL Olivenöl
1 TL Salz
Olivenöl für den Dampfgarer

Für die Kürbisfüllung

2 EL Butter
2 große Zwiebeln, abgezogen, halbiert und in feine halbe Ringe geschnitten
500 g Hokkaido-Kürbis, entkernt und 1 cm groß gewürfelt
1 TL frisch gemahlener schwarzer Pfeffer
½ TL gemahlener Koriander
½ TL edelsüßes Paprikapulver
1 TL Salz

Für die Tomaten-Koriander-Sauce

300 g geschälte Tomaten (Konserve)
1–2 EL Olivenöl
1 Knoblauchzehe
1 TL edelsüßes Paprikapulver
1 Handvoll frischer Koriander (oder glatte Petersilie), grob gezupft
Salz

Zum Anrichten

4–6 EL Schmand, cremig gerührt
1–2 Stängel frischer Koriander (oder glatte Petersilie), grob gezupft

ZUBEREITUNG

Für den Teig alle Zutaten vermengen und mit beiden Händen mindestens 10 Minuten zu einem glatten, geschmeidigen Teig kneten. Diesen in Frischhaltefolie einschlagen und mindestens 30–60 Minuten (besser 3–4 Stunden) an einem kühlen Ort ruhen lassen.

Für die Füllung die Butter in einer großen Pfanne zerlassen. Die Zwiebeln sowie den Kürbis zugeben und etwa 12 Minuten unter gelegentlichem Rühren langsam andünsten. Mit den Gewürzen abschmecken und zum Abkühlen beiseitestellen.

Den Teig auf einer bemehlten Arbeitsfläche dünn ausrollen und 12 cm große Kreise ausstechen. Kreise von vier gegenüberliegenden Seiten etwa 2–3 cm weit einschneiden und mittig 2–3 TL Füllung platzieren. Anschließend die zwei gegenüberliegenden Kanten hochklappen und um die Füllung schlagen, sodass die typische Blütenform entsteht.

Den Dampfgareinsatz mit etwas Olivenöl einfetten (oder die Unterseite der Teigtaschen in etwas Olivenöl dippen, damit sie nicht kleben bleiben). Die Teigtaschen mit etwas Abstand zueinander darauf platzieren. Den Topf mit Wasser füllen, den Einsatz einsetzen. Die Teigtaschen etwa 20 Minuten dämpfen, bis die Füllung gar ist.

In der Zwischenzeit alle Zutaten für die Tomaten-Koriander-Sauce in einem Standmixer pürieren und abschmecken.

ANRICHTEN

Die Teigtaschen auf die Teller verteilen und etwas Tomaten-Koriander-Sauce darübergeben. Mit 1 Klecks Schmand und frischem Koriander garnieren.

TIPP

Im traditionellen Rezept werden 100 g Lammschwanzfett und 500 g Kürbis sehr klein gewürfelt und wie oben gewürzt. Das Ganze wird dann roh in die Teigtaschen gefüllt und etwa 1 Stunde gedämpft.

KLEINE ZAPFEN MIT KICHERERBSEN-SPINAT-RAGOUT

Nohutlu kozalak mantısı

VORBEREITUNG: 20 MINUTEN | ZUBEREITUNGSZEIT: 35 MINUTEN | ZAPFEN

FÜR 32 TEIGZAPFEN

Für die Teigzapfen

2 große, runde Yufka-Teigblätter (Frischetheke)
Sonnenblumenöl zum Frittieren

Für das Kichererbsen-Spinat-Ragout

1 Zwiebel, klein gewürfelt
1–2 Knoblauchzehen, grob gewürfelt
4 EL natives Olivenöl extra
1 milde, grüne Spitzpaprika, klein geschnitten
180 g geschälte, gehackte Tomaten (Konserve)
240 g gekochte Kichererbsen (Konserve), abgespült und gut abgetropft
⅔ TL Salz
½ TL frisch gemahlener schwarzer Pfeffer
½ TL Zucker
½ TL getrocknete türkische Oregano-Thymian-Mischung (Kekik)
80 g junger Spinat, gut gewaschen und klein geschnitten

Für die Joghurtsauce

2 Knoblauchzehen, mit etwas Salz im Mörser zerstoßen
400 g Naturjoghurt (3,5 % Fettgehalt)

Zum Anrichten

einige Blätter frischer Oregano oder Petersilie
1–2 Prisen Pul Biber (Chiliflocken)

ZUBEREITUNG

Die beiden Teigblätter übereinander auf die Arbeitsfläche legen und mit einem scharfen Messer in 16 gleich große Abschnitte schneiden, die wie Tortenstücke aussehen. Man erhält so insgesamt 32 Dreiecke. Jedes dieser Dreiecke mit etwas Wasser bepinseln, dann mit einem dünnen Holzstäbchen (z. B. Schaschlikspieß) zur Spitze hin aufrollen. Die Holzstäbchen ganz vorsichtig an der Seite herausziehen und den Teigzapfen beiseitelegen. Den Vorgang mit den restlichen Dreiecken wiederholen, bis alle Teigzapfen gerollt sind.

Für das Kichererbsenragout die gewürfelte Zwiebel und den Knoblauch in einem Topf mit 2 EL Olivenöl bei mittlerer Temperatur glasig andünsten. Die Spitzpaprika hinzufügen und weitere 2–3 Minuten anbraten. Die Tomaten, Kichererbsen, Salz, Pfeffer, Zucker und Kekik unterrühren. Einmal aufkochen und dann 15 Minuten bei geringer Temperatur und mit geschlossenem Deckel köcheln lassen. Den Topf vom Herd ziehen und den Spinat sowie das restliche Olivenöl (2 EL) unterheben und mit geschlossenem Deckel 10–15 Minuten ruhen lassen.

Für die Joghurtsauce den Knoblauch und den Joghurt glattrühren.

Einen kleinen Topf mit etwa 5 cm Sonnenblumenöl füllen und erhitzen. Mit dem Stiel eines Holzlöffels prüfen, ob Bläschen aufsteigen und das Öl somit heiß genug ist. Die Teigzapfen portionsweise goldbraun und knusprig frittieren. Dabei ab und zu rühren, damit sie gleichmäßig bräunen und nicht zusammenkleben. Die fertigen Zapfen mit einem Schaumlöffel herausheben und auf Küchenkrepp abtropfen lassen.

ANRICHTEN

Die Teigzapfen strahlenförmig auf einem Teller anordnen und in der Mitte die Joghurtsauce platzieren. Das Kichererbsen-Spinat-Ragout darauf anrichten. Mit frischem Oregano (oder Petersilie) und Chiliflocken garniert zügig servieren.

TEIGTASCHEN FÜR DIE FEINE GESELLSCHAFT

Sosyete mantısı

VORBEREITUNG: 25 MINUTEN | ZUBEREITUNGSZEIT: 35 MINUTEN | SCHNECKENFORM

FÜR 4 PERSONEN

Für die Pilzfüllung

1 Zwiebel, sehr klein gewürfelt
2–3 EL natives Olivenöl extra
300 g braune Champignons oder Steinpilze, gesäubert und klein gewürfelt
2–3 Knoblauchzehen, klein gewürfelt
300 g aromatische Rispentomaten, klein gewürfelt
1½ TL getrocknete türkische Oregano-Thymian-Mischung (Kekik)
½ TL Salz
frisch gemahlener schwarzer Pfeffer

Für die Buttersauce

60 g Butter
3–4 EL Vollmilch

Für die Teigtaschen

2 große, runde Yufka-Teigblätter (Frischetheke)
1 Eigelb

Für die Joghurtsauce

1 Knoblauchzehe, mit etwas Salz im Mörser zerstoßen
300 g Naturjoghurt (3,5 % Fettgehalt)

ZUBEREITUNG

Für die Füllung die Zwiebel in dem Olivenöl bei niedriger Temperatur langsam glasig dünsten. Dann die Temperatur erhöhen. Die Pilze zugeben und einige Minuten scharf anbraten. Den Knoblauch, die Tomaten und die Gewürze untermischen und 5–8 Minuten gemeinsam bei mittlerer Temperatur köcheln lassen, bis die Füllung etwas eindickt. Zum Abkühlen beiseitestellen.

Für die Buttersauce die Butter in einer Pfanne zerlassen und die Milch einrühren.

Für die Teigtaschen die beiden Teigblätter vierteln. Auf jedes Teigstück etwas von der Buttersauce streichen oder pinseln. (Das macht die Teigblätter schön weich, damit sie beim Aufrollen nicht reißen.) An der langen Seite der Teigblätter je 1½ EL Füllung verteilen und dann zur spitzen Seite hin aufrollen. Die so entstandenen Teigrollen von einem Ende ausgehend zu Schnecken aufrollen.

Die Teigschnecken auf ein mit Backpapier ausgelegtes Backblech setzen, die restliche Buttersauce mit dem Eigelb verquirlen und auf die Teigschnecken pinseln.

Im auf 180 °C vorgeheizten Backofen (Ober-/Unterhitze) etwa 30 Minuten goldbraun backen. Aus dem Ofen nehmen und 5–10 Minuten mit einem feuchten Geschirrtuch bedeckt ruhen lassen.

Für die Joghurtsauce den Knoblauch und den Joghurt glattrühren und beiseitestellen. Vor dem Servieren nach Wunsch die Joghurtsauce leicht erwärmen.

Für die Chilibutter
80 g Butter
½ TL Salça (Tomaten- und/ oder Paprikamark), mild oder scharf
1 TL rosenscharfes Paprikapulver

Zum Anrichten
Nane-Minze
Pul Biber (Chiliflocken)
Sumach (Sumak)
einige Blätter frische Minze oder glatte Petersilie

Für die Chilibutter die Butter in einer Pfanne zerlassen. Dann das Salça zugeben und 1–2 Minuten glattrühren. Anschließend mit dem Paprikapulver würzen und vom Herd nehmen.

ANRICHTEN

Je 2 Teigschnecken auf die Teller legen und etwas Joghurtsauce und Chilibutter darauf geben. Nach Wunsch mit etwas Nane-Minze, Chiliflocken, Sumach und frischer Minze oder glatter Petersilie garnieren.

TIPP

Unbenutzte Teigblätter sollten immer mit einem feuchten Geschirrtuch bedeckt werden. Sonst trocknen sie sehr schnell aus und lassen sich nicht gut rollen.
Selbstverständlich können die Schnecken auch mit anderen Füllungen zubereitet werden. Wir mögen auch eine Mischung aus den drei Komponenten Lauch, Hackfleisch und Weißkäse oder aus alternativ aus den drei Komponenten Mangold, Reis und Sultaninen. Anregungen dazu findet ihr auf unserer Internetseite.

HANGEL MIT KARAMELLISIERTEN ZWIEBELN

Kars usulü soğanlı hangel

VORBEREITUNG: 1 STUNDE | ZUBEREITUNGSZEIT: 25 MINUTEN | QUADRATE ODER RECHTECKE

FÜR 4 PERSONEN

Für den Teig

320 g Weizenmehl Type 405 plus etwas mehr für die Teigbearbeitung
1 Ei
etwa 120 ml kaltes Wasser
1 TL Salz

Für die karamellisierten Zwiebeln

4–5 große weiße Zwiebeln, in feine Halbringe geschnitten oder gehobelt
100 g Butter
2–3 Prisen Zucker
1 Prise Salz

Für die Joghurtsauce

2 Knoblauchzehen, mit etwas Salz im Mörser zerstoßen
400 g Naturjoghurt (3,5 % Fettgehalt)

ZUBEREITUNG

Für den Teig alle Zutaten vermengen und mit beiden Händen mindestens 10 Minuten zu einem glatten, geschmeidigen Teig kneten. Den Teig in Frischhaltefolie einschlagen und mindestens 30–60 Minuten (besser 3–4 Stunden) an einem kühlen Ort ruhen lassen.

Die Zwiebeln in einer Pfanne mit 1–2 EL Butter bei niedriger Temperatur etwa 25 Minuten langsam karamellisieren, bis sie Farbe bekommen und schön weich werden. Zwischendurch immer etwas Butter hinzufügen. Zum Schluss mit Zucker und Salz würzen und beiseitestellen.

Den Teig auf einer bemehlten Arbeitsfläche dünn ausrollen und 4–5 cm große Quadrate oder Dreiecke ausschneiden.

Für die Joghurtsauce den Knoblauch und den Joghurt glattrühren und beiseitestellen.

Ausreichend gesalzenes Wasser in einem großen Topf zum Kochen bringen. Die Teigstücke vorsichtig hineingleiten lassen und erhitzen, bis das Wasser nahezu kocht. Etwa 2–3 Minuten Wasser leicht simmern lassen, bis die Teigstücke gar sind. Dann mit einem Schaumlöffel entnehmen und gut abtropfen lassen.

ANRICHTEN

Vor dem Servieren nach Wunsch die Joghurtsauce leicht erwärmen. Die Hangel und die Joghurtsauce abwechselnd auf die Teller schichten. Die Zwiebeln darauf verteilen und sofort servieren.

TIPP

Je langsamer und länger die Zwiebeln schmoren, desto süßer und vollmundiger werden sie. In einigen Gegenden der Türkei werden als Topping vor dem Servieren noch gekochte grüne Linsen und Chilibutter (siehe Rezept »Kayseri mantısı« Seite 58) auf den Hangel angerichtet.

PELMENI-TEIGTASCHEN MIT VEGANEM HACK

VORBEREITUNG: 1 STUNDE | ZUBEREITUNGSZEIT: 35 MINUTEN | TORTELLINI ODER ANDERE FORM

FÜR 4–6 PERSONEN

Für die Essigzwiebeln

1 große, rote Zwiebel, sehr fein in halbe Ringe gehobelt
3–4 EL Essigessenz
8–10 EL Wasser
1–2 Prisen Zucker
1 Prise Salz

Für den Teig

400 g Weizenmehl Type 405 plus etwas mehr für die Teigbearbeitung
etwa 170 ml warmes Wasser
2 EL Olivenöl
1 TL Salz

Für vegane Hackfüllung

1 Zwiebel, klein gewürfelt
5 EL Butter
350 g feuchter, veganer Hackfleischersatz (Sojabasis)
50–80 ml Haferdrink Natur
2 Knoblauchzehen, gepresst
Salz
frisch gemahlener schwarzer Pfeffer

Zum Garen der Teigtaschen

1½ l hausgemachte Gemüsebrühe, alternativ 1½ l Instant-Gemüsebrühe
2 Lorbeerblätter
6–8 schwarze Pfefferkörner

Zum Anrichten

4–6 EL Schmand, cremig gerührt
3–4 Stängel Dill, grob gezupft

ZUBEREITUNG

Für die Essigzwiebeln alle Zutaten vermengen, in ein Schraubglas füllen und mindestens 30–60 Minuten (besser über Nacht im Kühlschrank) ziehen lassen. Dabei immer wieder umrühren. Die Zwiebeln verlieren so ihre Schärfe und schmecken schön frisch.

Für den Teig alle Zutaten vermengen und mit beiden Händen mindestens 10 Minuten zu einem glatten, geschmeidigen Teig kneten. Den Teig in Frischhaltefolie einschlagen und mindestens 30–60 Minuten (besser 3–4 Stunden) an einem kühlen Ort ruhen lassen.

Für die Füllung die Zwiebeln in 2 EL Butter bei niedriger Temperatur langsam glasig dünsten. Dann die Temperatur erhöhen und das vegane Hackfleisch zugeben. Anschließend die restliche Butter (3 EL), den Haferdrink und den Knoblauch zugeben. Mit Salz und Pfeffer abschmecken. Die Füllung zum Abkühlen beiseitestellen.

Für die Fertigstellung den Teig auf einer bemehlten Arbeitsfläche dünn ausrollen und 5–6 cm große Kreise ausstechen. Etwa 1 TL Füllung mittig platzieren, die Teigränder zum Halbmond über die Füllung schließen, die beiden Spitzen zusammenführen und festdrücken.

Die hausgemachte Brühe (bzw. die Instant-Gemüsebrühe mit den Lorbeerblättern und Pfefferkörnern) in einem großen Topf zum Kochen bringen. Die Teigtaschen vorsichtig hineingleiten lassen und erhitzen, bis das Wasser nahezu kocht. Das Wasser etwa 4–6 Minuten leicht simmern lassen, bis die Teigtaschen gar sind und nach oben steigen.

ANRICHTEN

Teigtaschen mit etwas Brühe auf tiefe Teller verteilen. Etwas Schmand und Essigzwiebeln mit Einlegesud dazu anrichten. Mit Dill garnieren.

TIPP

Das Rezept ist leicht abgewandelt von unserer Bekannten Ana Romas. Sie hat das wundervolle Kochbuch »Anushka: Die junge osteuropäische Küche« geschrieben, welches ebenfalls im Christian Verlag erschienen ist.
Die eingelegten Zwiebeln schmecken auch super in Salaten oder in Burgern und Co.

KROSSE MANTI AUF FRISCH-FRUCHTIGEM SALAT

Salatalı kıtır mantı

VORBEREITUNG: 20 MINUTEN | ZUBEREITUNGSZEIT: 30 MINUTEN | QUADRATE ODER RECHTECKE

FÜR 4 PERSONEN

Für die Spinatfüllung

250 g junger Spinat (oder wilde Malve), sehr gut gewaschen, trockengeschleudert und klein geschnitten
1 EL natives Olivenöl extra
1–2 Frühlingszwiebeln, sehr klein geschnitten
3–4 Stängel frischer Dill, klein geschnitten
120 g Weißkäse (Beyaz Peynir, alternativ Feta), mit der Gabel zerdrückt
2–3 Prisen frisch gemahlener schwarzer Pfeffer

Für die Teigtaschen

1 Ei
2 EL Vollmilch
2 große, runde Yufka-Teigblätter (Frischetheke)
3–4 TL Zatar-Gewürzmischung
Meersalz

Für den frisch-fruchtigen Salat

125 g Wildkräuter- oder junger Pflücksalat, gewaschen und trockengeschleudert
200 g bunte Mini-Tomaten, halbiert
1 Handvoll frische Früchte der Saison (z. B. Blaubeeren, Kirschen, Mango, Granatapfelkerne, etc.), je nach Größe ganz, halbiert oder gewürfelt
200 g Biomozzarella, gewürfelt
6–7 Blätter frisches Basilikum, in dünne Streifen geschnitten
4–5 EL natives Olivenöl extra
2–3 EL nar ekşisi (Granatapfeldicksaft)
1 Handvoll Kürbiskerne oder Walnusskerne (optional)
Meersalz

ZUBEREITUNG

Für die Füllung den Spinat in Olivenöl kurz bei mittlerer bis hoher Temperatur zusammenfallen lassen, bis kein Wasser mehr in der Pfanne ist. Vom Herd nehmen und nach dem Abkühlen mit den restlichen Zutaten vermischen.

Für die Teigtaschen das Eiweiß vom Eigelb trennen. Das Eigelb mit etwas Milch verquirlen und beiseitestellen. Das Eiweiß in einer Schale bereitstellen. Ein Teigblatt auf der Arbeitsplatte ausbreiten. Je 1 TL der Füllung im Abstand von 2–3 cm auf dem Teigblatt verteilen. Um die Füllung herum mit einem Pinsel gleichmäßig Eiweiß streichen. Das zweite Teigblatt darüberlegen und die Zwischenräume mit den Fingern andrücken. Mit einem gezackten Teigrädchen kleine Quadrate oder Dreiecke ausschneiden. Die Eigelb-Milch-Mischung dünn auf die Oberfläche pinseln und mit Zatar-Gewürzmischung sowie Meersalz würzen.

Teigstücke im auf 200 °C vorgeheizten Backofen (Ober-/Unterhitze) etwa 10 Minuten goldbraun und knusprig backen.

Für den Salat alle Zutaten in einer Schüssel vermischen.

ANRICHTEN

Den Salat mittig auf flachen Tellern anrichten und die Mantı außenherum legen.

TIPP

Die Spinatfüllung kann auch für »Kayseri Mantısı« (siehe Seite 58), »Teigtaschen nach Sinop-Art mit Haselnüssen« (siehe Rezept Seite 66) oder andere Teigtaschen verwendet werden.

MEDITERRANER MANTI-SALAT MIT RÖSTGEMÜSE UND OLIVEN

Manti salatası

VORBEREITUNG: 10 MINUTEN | ZUBEREITUNGSZEIT: 20 MINUTEN | HALBMONDE

FÜR 4 PERSONEN

Für den Teig

½ Rezept »Teigtaschen mit Käse und gerösteter Paprika-Walnuss-Sauce« (siehe Rezept Seite 104)

Für den Salat

5-6 bunte Mini-Spitzpaprika
150 g Kirschtomaten
1–2 EL Olivenöl
1 Knoblauchzehe, in dicke Scheiben geschnitten
¼ TL türkische Oregano-Thymian-Mischung (Kekik)
Meersalz
frisch gemahlener schwarzer Pfeffer
2–3 eingelegte Artischockenherzen, abgetropft und halbiert
1 Handvoll milde Oliven, entsteint und halbiert
80 g junger Pflücksalat, gewaschen und trockengeschleudert
2–3 Stängel Basilikum

Für das Salatdressing

2–3 EL natives Olivenöl extra
2 EL nar ekşisi (Granatapfeldicksaft)
1 TL Zatar-Gewürzmischung
Meersalz
frisch gemahlener schwarzer Pfeffer

Zum Anrichten

100 g Lor-Käse (oder Ricotta)
1–2 Stängel Basilikum

ZUBEREITUNG

Für den Salat in einer ofenfesten Form die Spitzpaprika, die Kirschtomaten, das Olivenöl und den Knoblauch mit dem Kekik, Salz und Pfeffer mischen. Im auf 180 °C vorgeheizten Backofen (Grillfunktion, alternativ Umluft) etwa 15 Minuten rösten, bis sich leicht braune Stellen zeigen. Das Gemüse vorsichtig umrühren und zum Abkühlen beiseitestellen. Anschließend in einer großen Schale mit den restlichen Zutaten für den Salat mischen.

Für die Teigtaschen ausreichend gesalzenes Wasser in einem großen Topf zum Kochen bringen. Teigtaschen vorsichtig hineingleiten lassen und erneut erhitzen, bis das Wasser nahezu kocht. Etwa 4–6 Minuten Wasser leicht simmern lassen, bis die Teigtaschen gar sind und nach oben steigen. Dann mit einem Schaumlöffel entnehmen, gut abtropfen und leicht abkühlen lassen.

In der Zwischenzeit alle Zutaten für das Salatdressing verrühren und zusammen mit den Teigtaschen unter den Salat heben.

ANRICHTEN

Den Salat auf die Teller verteilen und den Lor-Käse darüberbröseln. Mit den abgezupften Basilikumblättern garnieren.

TIPP

Der Salat kann lauwarm oder kalt serviert werden. Er hält sich im Kühlschrank in einem geschlossenen Gefäß 2–3 Tage. Dann sollten die frische Zutaten wie Pflücksalat oder Basilikum allerdings kurz vor dem Servieren untergehoben werden. Als Salatdressing eignet sich auch das »Leichte Zitronen-Minz-Öl mit Knoblauch« (siehe Rezept Seite 147).

Süß und

fruchtig

SÜSSE COLTUNASH MIT SCHICHTKÄSE, VANILLE UND KARAMELLISIERTEN FRÜCHTEN

Colţunaşi cu brânză

VORBEREITUNG: **1 STUNDE** | ZUBEREITUNGSZEIT: **30 MINUTEN** | **HALBMONDE**

FÜR 4 PERSONEN

Für den Teig

250 g Weizenmehl Type 405 plus etwas mehr für die Teigbearbeitung
1 Ei
etwa 90 ml kaltes Wasser
1½ EL Olivenöl
1 TL Salz
50 g zerlassene Butter zum Fertigstellen

Für die Frischkäsefüllung

250 g Schichtkäse (oder Kaymak/Schichtsahne oder ungesalzener Frischkäse)
4 EL Puderzucker
Mark von 1 Vanilleschote
2 Eigelb

Für die karamellisierten Früchte

1–2 EL brauner Zucker
einige Früchte der Saison (z. B. Blaubeeren oder Kirschen)
1 EL Zitronensaft
etwas Wasser

Zum Anrichten

etwa 6–8 EL Schmand (alternativ Mascarpone oder Kaymak/Schichtsahne)
etwas Abrieb einer unbehandelten Zitrone
Granatapfelkerne

ZUBEREITUNG

Für den Teig alle Zutaten vermengen und mit beiden Händen mindestens 10 Minuten zu einem glatten, geschmeidigen Teig kneten. Den Teig in Frischhaltefolie einschlagen und mindestens 30–60 Minuten (besser 3–4 Stunden) an einem kühlen Ort ruhen lassen.

Für die Füllung alle Zutaten in einer Schüssel vermengen.

Den Teig auf einer bemehlten Arbeitsfläche dünn ausrollen. Etwa 8–9 cm große Kreise ausstechen und je 1–2 TL Füllung mittig platzieren. Den Teigrand über die Füllung falten und mit einer Gabel festdrücken oder nach dem Andrücken mit einem geriffelten Teigschneider formen.

Für die karamellisierten Früchte den Zucker in einer Pfanne schmelzen und hellbraun karamellisieren lassen. Mit etwas Zitronensaft und Wasser ablöschen. Die Früchte zugeben, 2–3 Minuten vorsichtig rühren, dann vom Herd nehmen.

Ausreichend gesalzenes Wasser in einem großen Topf zum Kochen bringen. Die Teigtaschen vorsichtig hineingleiten lassen und erneut erhitzen, bis das Wasser nahezu kocht. Etwa 6–8 Minuten Wasser leicht simmern lassen, bis die Teigtaschen gar sind und nach oben steigen. Die Teigtaschen mit einem Schaumlöffel entnehmen und gut abtropfen lassen. Zum Fertigstellen in einer Schale mit zerlassener Butter schwenken.

ANRICHTEN

Jeweils einige Coltunash auf die Teller verteilen und die karamellisierten Früchte daneben platzieren. Mit 1–2 EL Schmand und etwas Zitronenabrieb garniert servieren.

TIPP

In Moldau werden in einem ähnlichen Rezept zusätzlich noch Rosinen (in Wasser eingeweicht und abgegossen) in die Füllung gegeben. Aber jede Art von getrockneten Früchten würde hier sicher auch gut schmecken.

Ihr könnt die Coltunash auch mit herzhafter Füllung zubereiten. Dafür 200 g Schichtkäse, 200 g milden Kashkaval-Käse (grob gerieben), 2 Frühlingszwiebeln (mit dem Grün sehr klein geschnitten), 1 Ei und ½ TL frisch gemahlenen schwarzen Pfeffer mischen, die Teigtaschen damit füllen und kochen – probiert es aus!

UKRAINISCHE WARENIKI MIT SAUERKIRSCHEN UND RAHM

Vişneli mantı

VORBEREITUNG: 1 STUNDE | ZUBEREITUNGSZEIT: 20 MINUTEN | HALBMONDE

FÜR 4 PERSONEN

Für den Teig
320 g Weizenmehl Type 405
1 Ei
etwa 120 ml kaltes Wasser
1 TL Salz

Für die Sauerkirschenfüllung
350 g entsteinte, leicht gezuckerte Sauerkirschen (Konserve)
1–2 EL Speisestärke

Für die Butter-Nuss-Brösel mit Zimt
2 EL Butter
50 g trockenes Fladenbrot, in der Küchenmaschine zerkleinert
40 g Haselnusskerne, grob gehackt
1–2 Prisen gemahlener Zimt
2 TL Zucker

Zum Anrichten
8 EL türkischen Frischkäse (Kaymak, alternativ Mascarpone mit etwas geschlagener Sahne)
einige entsteinte Sauerkirschen
1–2 Prisen gemahlener Zimt

TIPP

Statt Sauerkirschen könnt ihr auch frische Heidelbeeren, klein geschnittene Zuckeraprikosen oder Erdbeeren verwenden.

ZUBEREITUNG

Für den Teig alle Zutaten vermengen und mit beiden Händen mindestens 10 Minuten zu einem glatten, geschmeidigen Teig kneten. Den Teig in Frischhaltefolie einschlagen und mindestens 30–60 Minuten (besser 3–4 Stunden) an einem kühlen Ort ruhen lassen.

Für die Füllung alle Zutaten in einer Schüssel vermengen. Je nachdem wie süß die Sauerkirschen sind, kann auf Wunsch auch Zucker zugegeben werden.

Für die Butter-Nuss-Brösel die Butter in einer Pfanne zerlassen. Dann das Fladenbrot und die Haselnusskerne darin einige Minuten goldgelb rösten. Mit Zimt und Zucker abschmecken und zum Abkühlen beiseitestellen.

Den Teig auf einer bemehlten Arbeitsfläche dünn ausrollen. Etwa 6–8 cm große Kreise ausstechen und etwas Sauerkirschenfüllung mittig platzieren. Den Teig halbmondförmig über die Füllung falten und festdrücken.

Ausreichend gesalzenes Wasser in einem großen Topf zum Kochen bringen. Die Teigtaschen vorsichtig hineingleiten lassen und erneut erhitzen, bis das Wasser nahezu kocht. Etwa 6–8 Minuten Wasser leicht simmern lassen, bis die Teigtaschen gar sind und nach oben steigen. Die Teigtaschen mit einem Schaumlöffel entnehmen und gut abtropfen lassen.

ANRICHTEN

Die Teigtaschen auf den Tellern anrichten. Daneben einen Klecks Frischkäse mit etwas Zimt und einige Sauerkirschen platzieren. Die Butter-Nuss-Brösel darüber streuen.

Grundrezepte und

Basics

KNUSPRIGER SPITZENROCK FÜR GEBRATENE TEIGTASCHEN

ZUBEREITUNGSZEIT: 22 MINUTEN

FÜR 4 PERSONEN

Für den Spitzenrock

1 TL Weizenmehl Type 405
2 TL Speisestärke
etwa 140 ml Wasser pro Bratvorgang
1 Prise Salz
1½–2 EL neutrales Pflanzenöl zum Braten
10–12 Teigtaschen (siehe Rezept »Japanische Gyoza« Seite 46 oder »Gemüse-Gyoza« Seite 98)

Zum Anrichten

schwarze Sesamsamen
grob gehackte Erdnusskerne
Schnittknoblauch (Nira), klein geschnitten

ZUBEREITUNG

Das Mehl, die Speisestärke, das Wasser und das Salz in einer Schüssel mit einem Schneebesen gut verrühren.

Einen zur Größe der Pfanne (etwa 28 cm) passenden Glasdeckel auswählen. Etwas Öl in der Pfanne erhitzen und jeweils 10–12 Teigtaschen mit den Falten nach oben in die Pfanne setzen. Anschließend bei mittlerer bis hoher Temperatur 2–3 Minuten anbraten, bis sie unten leicht Farbe bekommen.
Dann die Mehl-Stärke-Mischung noch mal umrühren (falls sich die Stärke abgesetzt hat) und vom Rand der Pfanne ausgehend um die Teigtaschen herum gießen (Vorsicht, es spritzt!), sodass alle Zwischenräume in der Pfanne gleichmäßig bedeckt sind. Den Deckel schließen und 5–6 Minuten nicht anheben, bis das Wasser größtenteils verdampft ist und die Teigtaschen beginnen, leicht durchscheinend zu glänzen. Den Deckel anheben und nach Wunsch Sesam, Erdnusskerne oder Schnittknoblauch zwischen den Teigtaschen verteilen. Bei mittlerer Temperatur noch einige Minuten köcheln lassen, bis der Spitzenrock knusprig und goldbraun aussieht.

Die Teigtaschen mithilfe eines großen Serviertellers aus der Pfanne stürzen und sofort servieren.

TIPP

Mit zu wenig Öl wird der Spitzenrock nicht so schön knusprig und löchrig, bzw. kann an der Pfanne kleben bleiben. Also lieber etwas zu viel als zu wenig Öl verwenden.

HÜHNERFOND FÜR WAN-TAN-SUPPE & XIAO LONG BAO

VORBEREITUNG: 5 MINUTEN | ZUBEREITUNGSZEIT: 4–6 STUNDEN

FÜR 2 L HÜHNERFOND ODER 1 L STARK KONZENTRIERTES HÜHNERFOND-GELEE

Für den Hühnerfond

2 kg Hühnerkarkassen (Rückenstücke, Haut und Flügel vom Huhn), kalt gewaschen
2 Lorbeerblätter
2–3 Zwiebeln, geviertelt
8–10 schwarze Pfefferkörner
5–6 Frühlingszwiebeln, mit dem Grün grob geschnitten
2–3 Knoblauchzehen
40–50 g frischer Ingwer, in dicke Scheiben geschnitten
½ TL Salz
4 l sehr kaltes Wasser

ZUBEREITUNG

Alle Zutaten in einen großen Topf geben und bei mittlerer Temperatur langsam aufkochen. Dann die Temperatur reduzieren und ohne Deckel etwa 3 Stunden leicht simmern lassen. Aufsteigenden Schaum immer wieder abschöpfen und umrühren.

Die festen Bestandteile abschöpfen. Dann zum Klären und entfetten die Suppe durch ein feines Passiertuch in einen anderen Topf abgießen. Der Hühnerfond kann nun für asiatische Suppen genutzt werden.
Für stark konzentriertes Hühnerfond-Gelee sollte der Fond durch leichtes Simmern auf etwa 1 l reduziert werden. Den kochend heißen Hühnerfond portionsweise in sterile Schraubgläser abfüllen, diese verschließen und abkühlen lassen. Auf diese Weise kann der Fond im Kühlschrank einige Wochen gelagert werden. Nach dem Abkühlen sollte der konzentrierte Hühnerfond vollständig gelieren.

TIPP

Statt Hühnerbrühe könnt ihr auch Kalbs-, Rinder oder Schweinefond auf dieselbe Art herstellen. Wichtig ist nur, dass viele kollagenhaltige Knochen (auch Knorpel, Füße, Flügel) und Haut mit gekocht werden.
Um die Brühe für Risotto (oder andere Reisgerichte) oder nicht asiatische Suppen verwenden zu können, solltet ihr den Ingwer stark reduzieren oder sogar weglassen.

DIP-SAUCE MIT VIETNAMESISCHER FISCHSAUCE

Nuoc mam

ZUBEREITUNGSZEIT: 5 MINUTEN

FÜR 1–2 TEIGTASCHEN-GERICHTE

2 Knoblauchzehen, klein geschnitten
1–2 Chilischoten, nach Wunsch entkernt und klein geschnitten
2 EL Zucker
4 EL vietnamesische Fischsauce (Nuoc Mam)
8 EL Wasser
Saft 1 unbehandelten Limette
frisch gemahlener schwarzer Pfeffer

ZUBEREITUNG

Den Knoblauch und Chilischoten zusammen mit dem Zucker in einem Mörser zu einer Paste zerreiben. Dann die restlichen Zutaten zugeben und alles gut miteinander verrühren, bis sich der Zucker vollständig aufgelöst hat. Vor dem Servieren einige Stunden durchziehen lassen.

TIPP

Diese Dip-Sauce schmeckt prima zu den knusprig frittierten Wan Tan (siehe Rezept Seite 54) oder den »Kristall-Teigblüten mit Gemüse-Ei-Füllung« (siehe Rezept Seite 112). Für eine vegane Variante einfach die Fischsauce durch helle Sojasauce ersetzen.

SPICY MAYONNAISE

ZUBEREITUNGSZEIT: 10 MINUTEN

FÜR 2–3 TEIGTASCHEN-GERICHTE

140 ml Sonnenblumenöl
2–3 EL japanisches Chiliöl (Rayu oder La-yu)
1 Eigelb
1½ TL scharfer Senf
1 Knoblauchzehe, gepresst
etwas feiner Abrieb und 1 EL Saft 1 unbehandelten Limette oder Zitrone
1–2 Prisen Meersalz

ZUBEREITUNG

Das Sonnenblumenöl und das Chiliöl in einem Kännchen mischen. Das Eigelb, den Senf, den Knoblauch, den Limettensaft sowie -abrieb und das Salz mit einem Stabmixer in einem schmalen hohen Gefäß zerkleinern. Sobald die Mischung anfängt, dicker zu werden, tröpfchenweise die Ölmischung einarbeiten. Dabei den Pürierstab leicht hoch und runter bewegen. Bei Bedarf nachwürzen und bis zur Benutzung kaltstellen. Die Spicy Mayo kann maximal zwei Tage verschlossen im Kühlschrank aufbewahrt werden.

TIPP

Die Spicy Mayonnaise schmeckt würzig, scharf und cremig zugleich – wundervoll zu den »Knusprig frittierten Wan Tan« (siehe Rezept Seite 54), den »Japanischen Gyoza« (siehe Rezept Seite 46) oder anderen Teigtaschen. Sie passt aber auch zu asiatischen Nudelgerichten oder Chicken Wings. Ein echtes Geschmackserlebnis ist sie auch zu Sushi, Pommes frites und Sandwiches.

LEICHTES ZITRONEN-MINZ-ÖL MIT KNOBLAUCH

ZUBEREITUNGSZEIT: 5 MINUTEN

FÜR 1 TEIGTASCHEN-GERICHT

6 EL natives Olivenöl extra
2 EL Zitronensaft
1–2 Knoblauchzehen, gepresst
10 frische Minzblätter, klein geschnitten
½ TL Pul Biber (Chiliflocken), alternativ sehr klein gewürfelte frische Chilischote
Salz
frisch gemahlener schwarzer Pfeffer

ZUBEREITUNG

Alle Zutaten gut miteinander verrühren und mit Salz und Pfeffer abschmecken. Ganz frisch servieren

TIPP

Schmeckt super zu den »Knusprig frittierten Wan Tan« (siehe Rezept Seite 54). Durch Zitrone und Minze schmeckt die Sauce wundervoll frisch. Sie passt auch prima zu Salaten oder zu panierten Schnitzeln oder Auberginen.

SCHARFE GERÖSTETE TOMATENSAUCE

ZUBEREITUNGSZEIT: 30 MINUTEN

FÜR 4–6 PERSONEN

400 g reife, aromatische Tomaten
1 rote Chilischote, mittelscharf oder scharf
1–2 Knoblauchzehen
4 g frischer Ingwer
1–2 TL Saft einer Limette (alternativ Zitrone)
2–3 Stängel Koriander oder glatte Petersilie, klein geschnitten
¼ TL Kreuzkümmelsamen, in einer Pfanne trocken geröstet
¼ TL Szechuan-Pfeffer, in einer Pfanne trocken geröstet
⅓ TL frisch gemahlenes Meersalz

ZUBEREITUNG

Ein tiefes Backblech mit Backpapier auslegen, die Tomaten und die Chilischote darauf verteilen und im oberen Drittel des auf 220 °C vorgeheizten Backofen (Grillstufe) etwa 10–12 Minuten rösten, bis die Schalen fast schwarz sind und das Gemüse weich ist (alternativ auf dem Gasherd oder Grill zubereiten). Aus dem Ofen nehmen und sofort zum Abkühlen in einen kleinen Topf mit Deckel geben (dadurch lässt sich die Schale später besser abziehen). Nach 15–20 Minuten die Haut der Tomaten und Chilischote abziehen und die Stiele und Samen entsorgen. Das Fruchtfleisch zusammen mit den restlichen Zutaten in einem Standmixer pürieren. Die Sauce abschmecken und bis zum Servieren im Kühlschrank aufbewahren.

TIPP

Röstet die Tomaten und die Chilischote im Ganzen, dann bleibt der aromatische Saft in den Früchten und landet in eurer Sauce. Die Samen der Chilischote machen die Sauce schärfer, ihr könnt sie auch mit pürieren. Die Sauce schmeckt vollmundig scharf und wird ganz klassisch zu »Nepalesischen Momos mit Lamm, Szechuan-Pfeffer und Garam Masala« (siehe Rezept Seite 80) serviert. Sie passt aber ebenso gut zu den »Usbekischen Kürbis-Manty mit Tomaten-Koriander-Sauce (siehe Rezept Seite 118), den »Knusprig frittierten Wan Tan« (siehe Rezept Seite 54) oder im Ofen geröstetem Wurzelgemüse.

SCHARFE CHILI-KNOBLAUCH-SAUCE

ZUBEREITUNGSZEIT: 5 MINUTEN

FÜR 4–6 PERSONEN

100 g frische, rote Jalapeño-Chilischoten, Stiel und Kerne entfernt
1 frische Knoblauchknolle, die Zehen abgezogen
½ TL Salz
½ TL Zucker
40 ml weißer Essig
½ TL Speisestärke

ZUBEREITUNG

Die Chilischoten, den Knoblauch, das Salz, den Zucker, den Essig und 1-2 TL Wasser in einen Standmixer geben und zerkleinern, bis eine homogene, flüssige Sauce entsteht.

Die Sauce in einem kleinen Stieltopf bei mittlerer Temperatur erhitzen.

In einer Schüssel die Speisestärke mit 3 TL Wasser glattrühren, die angerührte Speisestärke in die Sauce rühren. Die Sauce 1–2 Minuten köcheln lassen, dann abschmecken und zum Abkühlen beiseitestellen. Die Sauce kalt servieren.

Heiß abgefüllt kann die Chili-Knoblauch-Sauce in einem gut verschlossenen Schraubglas im Kühlschrank bis zu 1 Monat aufbewahrt werden.

TIPP

Falls ihr es nicht so scharf mögt, könnt ihr einen Teil der Chilischoten durch milde, rote Paprika ersetzen. Die Sauce schmeckt prima zu »Knusprig frittierten Wan Tan« (siehe Rezept Seite 54), zu den »Gemüse-Gyoza« (siehe Rezept Seite 98) oder den »Japanischen Gyoza« (siehe Rezept Seite 46). Auch zu asiatischen Nudelgerichten oder Chicken Wings könnt ihr die Sauce reichen.

HERKUNFT DER REZEPTE IN DIESEM BUCH

OSTASIEN

Japanische Gyoza	Japan
Gemüse-Gyoza	Japan
Kimchi-Wangmandu	Korea
Scharfe Teigtaschen	Szechuan, China
Xiao Long Bao	Shanghai, China
Knusprig frittierte Wan Tan	China
Wan-Tan-Suppe	China
Kristall-Teigblüten	China & Vietnam
Orhans Kung-Pao-Teigtaschen	chinesisch inspiriert

SÜD- UND ZENTRALASIEN

Afghani Mantu	Afghanistan
Khasi Momo	Nepal
Usbekische Kürbis-Manty	Usbekistan
Kirgisische Oromo	Kirgisistan
Pelmeni mit veganem Hack	Kasachstan

VORDERASIEN

Khinkali	Georgien, Tschetschenien
Shish Barak	Libanon, Levante
Deniz mahsullü ve safranlı mantı çorbası	Aserbaidschan, auch Türkei

TÜRKEI UND ZYPERN

Kıbrıs pirohu	Zypern
Çi börek	Eskişehir, Türkei, auch Krim
Kandilli mantısı	Tekirdağ, Türkei
Tutmaç çorbası	Türkei
Köz biber ve ceviz soslu mantı	Antakya, Türkei
Fırında gül mantısı	Türkei
Kayseri mantısı	Kayseri, Türkei
Kars usulü soğanlı hangel	Türkei
Patatesli hingel	Sivas, Türkei
Yumurtalı haluj	Türkei, auch Tscherkessien
Lorlu pörüşke	Türkei, auch Kaukasus
Sinop mantısı	Sinop, Türkei
Mantı salatası	Türkei
Mercimekli sini mantısı	Kütahya, Türkei
Yağ mantısı	Kayseri, Türkei
Nohutlu kozalak mantısı	Türkei
Orhan'ın avunya mantısı	Ayvalık, Türkei
Salatalı kıtır mantı	Türkei
Sosyete mantı	Türkei
Yüksük çorbası	Adana, Türkei
Şalgamlı mantı salatası	Türkei
Ot kavurması ve lorlu mantı	Ayvalık, Türkei
Pazılı ve domatesli, peynirli mantı	Türkei

Mercimekli sini mantısı — Kütahya, Türkei
Yağ mantısı — Kayseri, Türkei
Nohutlu kozalak mantısı — Türkei
Orhan'ın avunya mantısı — Ayvalık, Türkei
Salatalı kıtır mantı — Türkei
Sosyete mantı — Türkei
Yüksük çorbası — Adana, Türkei
Şalgamlı mantı salatası — Türkei
Ot kavurması ve lorlu mantı — Ayvalık, Türkei
Pazılı ve domatesli, peynirli mantı — Türkei

OSTEUROPA UND BALKAN

Boşnak mantısı	Bosnien, auch Türkei
Colțunași cu brânză	Rumänien, Moldawien
Vişneli mantı	Ukraine, auch Türkei

HERKUNFT DER SAUCEN, DIPS & CO.

Nuoc Mam	Vietnam
Knuspriger Spitzenrock	Asien
Scharfe Chili-Knoblauch-Sauce	Asien
Scharfe geröstete Tomatensauce	Asien
Zitronen-Minz-Öl mit Knoblauch	Türkei
Hühnerfond für Wan-Tan-Suppe	China
Spicy Mayonnaise	Japan, Korea

REGISTER

DANK

Wir bedanken uns bei unseren Familien, speziell bei unseren Müttern, Tanten und Großmüttern, die uns die Wertschätzung von gutem Essen, die Liebe und Freude an der Zubereitung schmackhaft gemacht haben. Bei unseren Kindern, Schwestern und unserem KochDichTürkisch-Team für ihre Geduld und dafür, dass sie sich als kulinarische Tester zur Verfügung gestellt und wertvolle Tipps gegeben haben.

Orkide und Orhan Tançgil

ÜBER DIE AUTOREN

Orkide Tançgil, Dipl. Produktdesignerin, Unternehmerin und Kochbuchautorin. Liebe, Neugier und Kreativität führten die Autodidaktin zur türkischen Küche, deren Expertin sie inzwischen geworden ist. Für sie geht Integration durch den Magen: Ihre Vision ist es, eine kulinarische Brücke zwischen den Kulturen zu schaffen. Seit 2006 verwirklicht sie gemeinsam mit ihrem Mann Orhan Tançgil (Dipl.-Wirt.-Ing., Herausgeber, Kochbuchautor und TV-Koch) ihr Herzensprojekt KochDichTürkisch (https://shop.kochdichturkisch.de). Mit viel Hingabe arbeiten sie als selbst ernannte Botschafter der türkischen Küche daran, ausgewählte Zutaten in authentische Gerichte zu verwandeln. Auf ihrem Blog, in der eigenen Kochschule, in Kochbüchern, Podcasts und im Fernsehen verraten und vermitteln sie, wie man typisch türkisch kocht und genießt.

IMPRESSUM

Verantwortlich: Sonya Mayer
Rezepte & Foodstyling: Orkide Tançgil (www.kochdichtürkisch.de)
Foodfotografie: Hannah Köppl & Orhan Tançgil
Redaktion der Rezepte: Dr. Regina Roßkopf
Layout: Helen Garner
Umschlaggestaltung: Dominik Günzinger
Repro: LUDWIG:media
Korrektorat: Mareike Weber
Herstellung: Vanessa Brunner

Printed in Türkiye by Elma Basim.

Bildnachweis
Alle Bilder des Umschlags und des Innenteils stammen von KochDichTürkisch mit Ausnahme von: Seite 65: Shutterstock/Elakshi Creative Business. Illustration Randleiste: Shutterstock/cgterminal.

★★★★★

Sind Sie mit diesem Titel zufrieden? Dann würden wir uns über Ihre Weiterempfehlung freuen. Erzählen Sie es im Freundeskreis, berichten Sie Ihrem Buchhändler oder bewerten Sie bei Onlinekauf. Und wenn Sie Kritik, Korrekturen, Aktualisierungen haben, freuen wir uns über Ihre Nachricht an: Christian Verlag, Postfach 40 02 09, D-80702 München oder per E-Mail an lektorat@verlagshaus.de

Unser komplettes Programm finden Sie unter: www.christian-verlag.de

oder direkt unter:

Alle Angaben dieses Werkes wurden von den Autoren sorgfältig recherchiert und auf den neuesten Stand gebracht sowie vom Verlag geprüft. Für die Richtigkeit der Angaben kann jedoch keine Haftung übernommen werden, weshalb die Nutzung auf eigene Gefahr erfolgt. Sollte dieses Werk Links auf Webseiten Dritter enthalten, so machen wir uns die Inhalte nicht zu eigen und übernehmen für die Inhalte keine Haftung.

Die Deutsche Nationalbibliothek verzeichnet diese Publikation in der Deutschen Nationalbibliografie; detaillierte bibliografische Daten sind im Internet über http://dnb.d-nb.de abrufbar.

ISBN 978-3-95961-897-7